现代法学理论与实践

鲁明戈　姜　南　骆秀荣◎著

中国商业出版社

图书在版编目（CIP）数据

现代法学理论与实践 / 鲁明戈，姜南，骆秀荣著.
北京 ： 中国商业出版社，2024. 12. -- ISBN 978-7
-5208-3204-5

Ⅰ. D90

中国国家版本馆CIP数据核字第2024F2E142号

责任编辑：吴　倩

中国商业出版社出版发行
（www.zgsycb.com　100053　北京广安门内报国寺1号）
总编室：010-63180647　编辑室：010-83128926
发行部：010-83120835/8286
新华书店经销
天津和萱印刷有限公司印刷

*

787毫米×1092毫米　16开　12印张　206千字
2024年12月第1版　　2024年12月第1次印刷
定价：68.00元

****

（如有印装质量问题可更换）

前言

法学作为一门古老而又常新的学科，始终承载着维护社会正义、促进法治进步的重大使命。随着全球化的深入发展、科技革命的日新月异以及社会结构的深刻变迁，法学领域正经历着前所未有的变革与挑战。

法学理论是法学发展的灵魂。法学理论有助于我们树立科学的法律观。法律观是人们对法的认识和体会，它不仅是一个普通公民民主法治意识的体现，也是衡量一个国家或民族民主法治发展水平的重要标准。法律观的正确与否以及对法的内涵的理解程度与我们对法的基础理论的理解和掌握息息相关。无论是从事法学理论研究还是从事法律实务工作的人们，都需要从法理学中获得理论素养，并在重大的法律问题上划清马克思主义法学与非马克思主义法学的原则界限，坚持法学研究和法治建设的正确方向，为社会主义的法学理论和实践服务，在深化理论的过程中不断提高我们的政治素质和业务素质。法学理论为弥补法律规定中的漏洞提供依据。现实生活中的现象是纷繁复杂的，无论立法者如何谨慎周全，都不可能穷尽社会生活中可能发生的一切问题，因此，执法和司法实践中总会存在这样或那样的法律没有明确规定的问题，即作为适用依据的法律的作用总是有限的。在法无明文规定、规定不明确或规定有悖于基本的法律精神等情况下，执法和司法实践要求法律适用者根据成熟的法学理论进行判断并最终得出公平正义的结果。在这一意义上，法理学学习和积淀使法律漏洞的修补成为可能，同时使法理学的学习成为法学学科和课程中必要且重要的一环。

法律实践是法学理论的生命之源，也是检验法学理论正确与否的唯一标准。在现代社会，法律实践面临着诸多新情况、新问题。理论与实践相辅相成，法学理论的生命力在于其能否有效指导并解决现实问题。

本书围绕“现代法学理论与实践”这一主题，由浅入深地阐述了法的价值与作用、法律的要素，系统地论述了民商事法学、公司治理法律实务、人工智能法学、刑法学、国际法学，以期为读者理解与践行现代法学提供有价值的参考和借鉴。本书在编排体例上，对典型个案从多个方面层层递进展现案件代理情况并总结个案经验。本书内容翔实、条理清晰、逻辑合理，在写作过程中注重理论与实践的有机结合，适用于法学研究者，也适用于工作在一线的法律服务工作者。

本书旨在搭建一个集学术探索、实践反思与理论创新于一体的平台，深入探讨当代法学发展的前沿问题，促进法学理论与司法实践的深度融合，为法治中国的建设贡献智慧与力量。

目录

第一章　法的价值与作用

第一节　法的释义

在浩瀚的社会文明长河中，法作为维系社会秩序、保障公平正义的重要基石，始终扮演着不可或缺的角色。它不仅是一套复杂而精密的规则体系，更是国家、社会与个人之间互动关系的集中体现。下面将从法的定义、本质属性、实施机制及其特征四个维度，深入探讨法的深刻内涵。

一、法的定义

法，简而言之，是由国家制定或认可，以权利义务为主要内容，由国家强制力保证实施的社会行为规范及其相应的规范性文件的总称。这一定义揭示了法的几个核心要素。

（1）国家制定或认可。法并非自然形成，而是国家意志的集中体现。它要么通过立法机关的立法程序直接创制，要么通过国家权力对既存社会规范（如习惯、判例）的认可而上升为法。这一特性确保了法的权威性和普遍性。

（2）权利义务为主要内容。法通过明确界定人们的权利与义务，构建了社会成员之间相互作用的基本框架。权利赋予人们行为的自由与选择，而义务则要求人们承担特定的责任并受到相应约束，二者相辅相成，共同维护社会秩序。

（3）国家强制力保证实施。法的生命力在于执行。当法所规定的权利义务关系受到破坏时，国家将运用其强制力（如警察、法庭、监狱等）来恢复这种平衡，确保法的有效实施。

二、法的本质属性

（1）国家意志性。法作为国家制定的社会规范，必然体现国家的整体意志和利益追求。它代表了国家对社会生活的调控与安排，是国家权力的直接体现。

（2）阶级意志性。在阶级社会中，法不可避免地打上了阶级的烙印。作为统治阶级意志的集中体现，法的内容往往反映并服务于统治阶级的利益和需求。尽管在现代社会中，法的阶级性趋于隐蔽，但其背后的阶级利益冲突依旧存在。

（3）物质制约性。法并非孤立存在，而是深深植根于社会的经济基础之中。统治阶级的物质生活条件，包括生产方式、交换方式以及由此产生的社会结构，决定了法的性质、内容和发展方向。因此，法既是上层建筑的重要组成部分，又受到经济基础的根本制约。

三、法的实施机制

法通过国家强制力保证实施，但这种强制力并不能随意动用，而是作为一种潜在的威慑力量存在。在大多数情况下，法通过其预设的权利义务框架，引导人们自觉遵守规则，维护社会秩序。只有当个别人或群体违反法律、破坏了这种平衡时，国家才会动用强制力予以纠正。这种“备而不用”的强制力策略，旨在通过法律的明示性与可预测性，减少违法行为的发生，促进社会的和谐稳定。同时，它也体现了法对个体自由与尊严的尊重，即在保障社会秩序的同时，尽可能减少对个人正当权益的干涉。

四、法的特征

法的特征是一个充满争议的话题，从不同的角度或基准着眼，就会对法的特征有着不同的概括和认识。我们认为，对法的特征的探讨应从形式而非实质角度入手，主张现代国家的法具有以下特征。

（一）法是调整人的行为的社会规范

1.法是以人的行为为调整对象的

（1）法不调整单纯的思想。法律，作为社会控制的一种手段，其调整的对象直接指向人的行为而非人的思想或内心活动。这是因为思想具有主观性、私密性和难以直接观测的特点，法律无法也不应直接干预个体的思想自由。法律关注的是人们如何将思想转化为行动，即只有当思想转化为具有社会影响的行为时，法律才会介入调整。这一原则体现了对个人精神自由的尊重，也是法治社会的基本要求。

（2）法调整具有社会意义的行为。法律所调整的行为，并非指人类所有的行为，而是那些具有社会意义、能够产生外部效果、影响他人或公共利益的行为。这些行为因其社会性而需要法律的规范和引导，以确保社会秩序的稳定和公共利益的实现。例如，盗窃、伤害等侵犯他人权益的行为，以及交通违章、环境污染等影响社会公共秩序和环境的行为，都是法律调整的重点。

（3）法调整的是人的部分行为。尽管法律以人的行为为调整对象，但并不意味着法律要调整人的所有行为。法律只调整那些需要国家强制力保证实施、关乎社会公共利益和秩序的行为。个人在私人领域内的行为，如家庭生活、个人爱好等，只要不违反法律、不侵犯他人权益，通常就不受法律直接调整。这种选择性调整体现了法律对社会生活的适度干预，旨在维护个人自由与社会秩序之间的平衡。

（4）法所调整的行为具有复杂性。现代社会的发展使得人类行为日益复杂多样，法律所调整的行为也呈现出高度的复杂性。这种复杂性不仅体现在行为类型的多样上，如经济行为、政治行为、文化行为等，还体现在行为背后的动机、目的、手段以及可能产生的后果等方面。法律在调整这些复杂行为时，需要综合运用多种手段，如立法、执法、司法等，以实现对社会关系的全面、有效调控。

2.法是一种社会规范

在深入探讨法以人的行为为调整对象之后，我们不难发现，法本质上是一种社会规范。它不同于自然规律或道德准则，而是由国家制定或认可，并以国家强制力保证实施的行为规范。作为社会规范，法具有普遍性、权威性、规范性和强制性的特征。它要求所有社会成员在特定领域内遵守相同的规则，确保社会秩序的稳定和公共利益的实现。同时，法也通过其独特的调整机制，如权利义务的设定、违法责任的追究等，引导人们形成正确的行为预期，促进社会的和谐与进步。

（二）法是国家制定或认可的社会规范

1.法体现了公共权力机构及其所在共同体的意志

在法律的生成与运行过程中，一个显著而核心的特征便是它代表了国家意志。国家，作为一定地域内人民共同体的政治组织形态，其意志通过立法程序得以具体化和规范化，最终形成法律。这一过程不仅是对社会需求的回应，也是公共权力机构（如立法机关）行使职权的体现。法律的内容、目的乃至实施方式，都深深烙印着国家对社会秩序、公平正义、公民权利与义务等方面的价值取向与追求。

具体而言，法律通过明确权利义务关系、设定行为规范、规定法律责任等方式，将国家对社会生活的调控意愿转化为具有普遍约束力的社会规范。这种规范不仅是对个人行为的引导，更是对社会整体秩序的塑造与维护。因此，法不仅是国家意志的体现，更是国家实现其治理目标、保障社会稳定与发展的重要工具。

2.法律具有统一性和权威性

法律之所以能够在社会生活中发挥如此重要的作用，很大程度上得益于其内在的统一性和权威性。

统一性，是指法律在适用范围内具有普遍约束力，无论身份、地位、种族等差异，所有人都必须遵守同一套法律规则。这种统一性不仅保障了法律的公正性，也为社会成员提供了明确的行为预期，减少了因规则不一致而产生的混乱与冲突。而权威性，则是法律得以有效实施的关键所在。法律的权威来源于国家强制力的支持，任何违反法律的行为都将受到国家机器的制裁。这种制裁不仅限于对违法行为的直接惩罚，更在于通过惩罚形成对潜在违法行为的威慑，从而维护法律的尊严与效力。同时，法律的权威性还体现在被社会成员普遍认可与接受的基础上，这种内心的信服与尊重是法律得以长期存在并发挥作用的深层基础。

（三）法是具有普遍性和公开性的社会规范

法律的普遍性和公开性有以下几层含义。

1.法的普遍有效性

法律的首要特征在于其普遍有效性，即法律对其所管辖范围内的所有主体，无论其身份、地位、财富等差异，均具有同等约束力。这种普遍性体现在法律的普遍适用和普遍遵守上，任何个人或组织都不能凌驾于法律之上，必须依法行事。法律的普遍有效性是社会公平正义的基础，它保障了每个人在法律面前都是平等的，避免了特权与歧视。

2.法具有概括性

法律是对社会现象和行为的抽象与概括，它不拘泥于具体个案，而是通过制定一般性的规则来规范广泛的社会行为。这种概括性使得法律能够应对复杂多变的社会现实，为未来的类似情况提供指导。法律的概括性要求立法者具备高度的智慧和预见性，以确保法律规则既能解决当前问题，又能适应未来社会的发展变化。

3.法是反复适用的

法律不是一次性使用的工具，而是可以反复适用的规范。这意味着相同的法律规则可以适用于多个相似的案件，保证了法律适用的一致性和可预测性。反复适用性不仅提高了司法效率，也增强了公众对法律的信任感，因为人们可以依据法律预测自己的行为后果，从而做出合理的选择。

4.法的平等适用性

平等适用性是法律公正性的直接体现。它要求法律在适用过程中，对所有人一视同仁，不因个人或群体的差异而有所偏袒。无论是普通民众还是权贵阶层，在法律面前都应当受到相同的对待。平等适用性确保了法律的权威性和公信力，是法治社会不可或缺的基本原则。

5.法的内容的正义性

法律作为社会规范的高级形态，其内容必须体现正义精神。正义是法律的核心价值追求，它要求法律规则不仅要符合形式上的逻辑自洽，更要符合实质上的道德要求。法的内容的正义性保证了法律能够真正反映人民的意志和利益，促进社会和谐与进步。

6.法的公开性

公开性是法律的基本属性之一。法律必须被公众知晓和理解，才能有效发挥其规范作用。因此，法律的制定、修改、废止以及法律解释等过程都应当公开进行，法律文本也应当向社会公开公布。公开性不仅增强了法律的透明度，也便于公众监督法律的实施，防止权力滥用和腐败现象的发生。

（四）法是以国家强制力为保障的社会规范

法具有强制性，否则社会规范就不具有规范力量，仅仅具有号召或倡导力量，处于共同体中的人们也就会因来自人性等诸多的主观与客观原因而不遵守或服从规范，导致规范形同虚设，最终危及整个共同体的存在与发展。为此，包括法律在内的任何社会规范都应具有保障自己实现的力量，即强制性。

1.法律强制性的本质

法律，作为由国家制定或认可并由国家强制力保证实施的行为规范体系，最本质的特征在于其强制性。这种强制性并非自然形成或自发产生的，而是根植于国家权力之中，是国家意志的体现。当法律所规定的权利义务关系受到侵犯或破坏时，国家将动用其掌握的强制力量，通过一系列法定程序，确保法律的尊严与权威得到维护，社会秩序得以恢复。

2.法律强制性的独特性

相较于其他社会规范（如道德、宗教、习俗等），法律的强制性具有显著的不同。首先，法律强制的来源是国家权力或类似国家权力的机构，赋予了法律强制以国家机器的支撑，使其在执行过程中具有无可比拟的力度与效率。其次，法律强制的方式、范围、程度及性质均经过严格的法律程序规定，确保了其合法性与正当性。最后，法律强制的目的不仅在于惩罚违法行为，更在于预防犯罪、保护合法权益、维护社会稳定与公平正义。

3.国家强制力的具体体现

现代国家为确保法律的有效实施，构建了一套完整的国家强制力体系，主要包括军队、宪兵、警察、法官、监狱等。这些机构各司其职，共同构成了法律强制力的坚实后盾。军队与宪兵负责维护国家安全与领土完整，为法律实施提供外部安全环境；警察则负责日常执法，直接打击违法犯罪行为；法官通过审判活动，对违法行为进行定性与量刑，确保法律的公正适用；监狱则负责执行刑罚，对犯罪分子进行改造与教育。这一系列机制相互配合，共同构成了法律强制力的完整链条。

4.法律强制性的必要性

尽管我们期望每个人都能自觉遵守法律，但现实社会中，总有人因各种原因而违法乱纪。此时，法律的强制性便显得尤为重要。它不仅是法律权威性的体现，更是社会秩序稳定的基石。当法律不能自然得到遵守时，国家强制力的介入便成为必然，以确保法律的普遍遵守与有效实施。这种强制性的存在，不仅是对违法者的惩罚与威慑，更是对守法者的保护与激励，从而在整个社会范围内形成尊重法律、遵守法律的良好风尚。

（五）法是具有严格程序性的社会规范

法的制定、实施乃至救济均必须通过一定的程序，从某种程度上来看，程序是法的生命形式，是法律应有的内在属性，程序蕴含着法的一定价值和目标。尽管学者在学习或研究法律时，通常将法律划分为实体法和程序法，而实际上两者是始终交织在一起且须臾不可分离的。实体与程序的关系是内容与形式的关系，法缺失了程序性，就会变成一纸空文，法的功能就无法实现，其作用也无法显现。正是通过程序，法的确定性与预测作用才得以实现，同时透过程序可以最大限度地降低人们在法律活动中的主观随意性，从而保证法的公正性与客观性。因此，无论是立法、执法，还是司法、守法，均必须以公开、公正的程序为保障。

第二节　法的基本价值

一、法的价值的概念

从哲学的意义上讲，价值这一概念可以从两个基本方面来理解：首先，价值是一个表征关系的范畴，它反映的是人与外界的关系，揭示的是人的实践活动的动机和目的。人与外界之间的需要与满足的对应关系就是价值关系。在价值关系中，人是价值的主体，外界事物是价值的客体。其次，价值是一个表征意义的范畴，是用以表示事物所具有的对主体有意义的、可以满足主体需要的积极意义或客体的有用性。

分析了价值的含义，我们再来研究一下法的价值的概念，法的价值又称为法律的价值。第一种使用方式是指法律在发挥社会作用的过程中能够保护和增加的价值。例如，人身安全、财产安全、公民的自由、社会的公共福利、经济的持续发展、善良风俗的维持，环境的保护与改善等都是其体现，还有秩序、自由、效率和正义更是这层意义上的法的价值的根本体现。这种价值是法追求的理想和目的，因此又称为法的“目的价值”。第二种使用方式是指法的“形式价值”，它是指法律在形式上应当具备的那些值得肯定或好的品质，比如任何一种法律都应该具有逻辑严谨、简明扼要、明确性等特征。

（1）同价值的概念一样，法的价值也体现了一种主客体之间的关系。

（2）法的价值表明了法律对于人们而言所拥有的正面意义，它体现其属性中为人们所重视、珍惜的部分。

（3）法的价值既包括对实然法的认识，也包括对应然法的追求。

二、法的价值体系

法的价值体系可以看成一组组相关价值所组成的系统，它是由不同而又相联系的几种法的价值类型组成。人们按照不同的标准，从不同的角度，将法律价值进行以下分类。

（1）个体价值、群体价值。法律的个体价值就是个体对法律的需求以及法律对个体的实际效应，一般包括个人自由、平等、权利、人格尊严等。所谓法律的群体价值，是指某一社会群体对法律的需求以及法律对该群体的实际效应。法律价值应当是多元的，但“主导法律价值总是特定的，总是代表着能把法律价值具体化到法律规范中的那一部分主体与法律之间的实践关系”。在阶级对立的社会中，法律所体现的只能是统治阶级的法律价值追求。

（2）法律的正价值、无价值（零价值）和负价值。这是按照法律价值追求与法律的实际效应关系来分的。广义的价值包括法的正价值、无价值（零价值）和负价值，其中负价值是指法对主体需要实现的阻碍和破坏作用，无价值（零价值）是指法律对一定主体既无益又无害，而狭义的法的价值仅指法的正价值，即法的有益性、有用性。

（3）除此之外，法律价值还可按功能和性质分为目的性法律价值和工具性法律价值，而按历史阶段可分为奴隶制法律价值、封建制法律价值、资产阶级法律价值和社会主义法律价值。按法律对主体的应用形式可分为物质价值和精神价值等。

除了以上各种分类方法之外，笔者认为正如上文对法的价值的释义一样，法的价值分为法的目的价值和法的形式价值，是相当具有现实意义的。下面予以简要介绍。

法的目的价值构成了法律制度所追求的社会目的，反映了法律产生和实施的宗旨，它是关于社会关系的理想状态是什么的权威性蓝图，也是关于权利义务的分配格局应当怎样的权威性宣告。它具有两方面的属性：一是法的目的价值的多元性。因为法调整的是多种多样的社会关系和千差万别的人的需求，所以其目的价值的多元性成为必然。例如，秩序、自由、效率和正义都是重要的目的价值，却不是目的价值的全部。二是法的目的价值的有序性。即法所追求的诸多目的价值是按照一定的位阶排列组合在一起的，当那些低位阶的价值与高位阶的价值发生冲突时，高位阶的价值就会被优先考虑。

法的形式价值即法律制度在形式上所具有的价值，它是区分“良法”和“恶法”的依据。法的形式价值包含许多内容，如公开性、稳定性、严谨性、灵活性、实用性、明确性、简练性等。如果一个法律制度不具备形式上的优良品质、价值，它就不是“良法”，它追求的社会价值必然会归于虚幻。

三、法的价值的意义

研究法的价值理论，对法治的发展和社会的和谐有着重要的意义。

（一）法的价值是立法的思想先导

严格意义上的立法活动是在一定法的价值观指导之下的国家行为。人们在一系列立法问题上应做怎样的抉择，是法的制定中的价值认识问题、价值评价问题和价值选择问题。在歪曲或误解法的价值的统治者手中，不可能产生良好的法，只有在公平、正义、权力制衡等正确的价值指引下，统治者才可能制定出比较符合“良法”标准的法律。在法的制定中，必须考虑以下几点：其一，法与良法的价值问题。在法的制定过程中，许多人都沉醉于法的表面完备，认为只要有法可依，就算完成了法的制定的使命。事实上，“有法可依”并不是真正的立法上的法制完备。因为制定出来的法是正价值、无价值（零价值）或负价值的问题，比有无法的问题更加重要。具有负价值即坏的法制定出来了，比没有法更加可怕；如果制定出来的法为零价值，立法就是毫无意义的徒劳。其二，此法与彼法的价值问题。法的制定过程中，人们也许会发现此法的价值取向与彼法的价值取向相互对立；或许此法保护自由，而彼法妨碍自由；此法保护平等，而彼法制造特权与歧视等。若将此法与彼法相比较，稍加分析就不难发现二者的背离，实际上这也是法的价值冲突在法的制定中的表现。其三，法自我否定的价值问题。在法律制定过程中，人们也许会发现，有的法的具体规定的价值取向和基本原则的价值取向相矛盾：或者是基本原则否定了具体规定，或者是具体规定否定了基本原则，使法在制定时就注定实现不了应有的价值。

（二）法的价值是法的实施的需求

法的实施包括法的执行和法的遵守两个方面，法的价值对于法的实施的意义也体现在这两个方面。法的执行离不开法的价值指导。首先，法所蕴含的价值精神是执法的先决因素，法本身所具有的良好的法的价值是法得以良好执行的价值前提。其次，执法者的价值认识影响着执法的结果状态。法的执行机关及其执法人员对法的价值的认识状况对于法的执行具有至关重要的影响。如果法的执行机关及其执法人员对法的价值具有良好的认识，即具有良好的法的价值观，法的执行就可能取得良好的效果；如果法的执行机关及其执法人员的法的价值观出现偏差，法的执行就可能误入歧途或出现失误。因为法的执行机关及其执法人员的法的价值观影响着他们对既定法律原意的理解，影响着他们所作的法律解释，影响着他们对合法行为的保护和对违法行为的制裁。例如，历史上中国从有罪推定到无罪推定的演变，实际上就是有关价值认识的转变，也是相关法的价值的转变。

（三）法的价值是防止法的失效的屏障

法的失效是指法的预期社会效果未能得以实现的客观情形。法的失效问题实际上也是法的价值背离问题，它可能是因为立法的错误或者法的实施的畸形所致，但根本上都是对应有的法的价值背离或违反的结果。正确认识了法的价值并坚持一定的法的价值，对于防止法的失效具有极其重要的意义。在法的制定和执行中，当地立法者注意保持既定的法的价值取向、价值原则和价值目标，从立法和执法等各方面力求法的价值的实现，防止法的价值被扭曲，法的失效的严重状况可以受到控制。

（四）法的价值是校正恶法的准则

恶法是与良法相对应的，恶法本身就是对法的价值的反对。恶法一旦产生，人们就面临着如何认定和对待恶法，如何校正恶法的问题。校正恶法，必然涉及遵循恶法的恶行是否应受到良法制裁以及良法如何制裁恶行的问题。人类究竟依靠什么来校正恶法，使法回归其发展的正道呢？回答是，必须依赖法的价值来评判，依赖法的价值来校正。例如，东京审判正是用法的价值来达到对恶法的否定，达到对恶行的惩罚这一结果的。总之，恶法的否定，恶法下恶行的制裁，使法律回归正途，是法律良性发展的重要任务，人类要进步发展就必须运用良好的法的价值否定恶法，否定恶法之下的恶行，从而校正法律的发展方向，确保法律永远是良性的。

（五）法的价值是法的演进的动因

法的演进是指法随着社会的发展而发展的过程。一定时期的法是适应当时社会的需要而产生的，从而促进社会的发展，为社会所依赖，这样的法充满了生机。但是随着社会的发展，法又会阻碍社会发展，被社会所抛弃，出现新法取代旧法的情形。这一历史现象正说明了法从正面走向反面的矛盾性。然而，新法代替旧法的历史推进，以及法的消亡和取代法的共同生活准则的形成，都不是简单的历史现象，这些历史进步都有一个重要的内在精神依据和精神动力，即法的价值。如果没有适应生产力发展，推动生产力发展，促进社会进步；没有尊重人的权利，推行人道主义，弘扬人文精神；没有推进社会文明、社会理性、社会自由、社会平等、社会人权、社会正义等精神动力……要突破法的历史悖论，要实现法的历史巨变是根本不可能的。尤其是法的消亡和法向社会共同生活准则的过渡，更离不开人类对法的愿望的善良和美好，离不开法对秩序、文明、自由、平等、人权、正义乃至人的自由全面发展等崇高价值的执着追求。有了这种法的价值的追求，法才会面对比自己美好的共同生活准则而自动地退出历史舞台，走向消亡。这时，虽然法消失了，但法的价值却在新的社会规范中获得了永恒的意义。可见，法的消亡实际上也是以法的价值的崇高追求为内在动力的。可以说，法的价值是法进步的内在依据与精神动力。

四、法的价值种类

法的价值种类丰富多样，但其中最为核心且相互交织的三大价值——自由、秩序与正义，构成了法律大厦的基石。

（一）自由

自由，作为法律追求的首要价值之一，其本质在于保障个体能够在不侵害他人权利与社会公共利益的前提下，按照自己的意志自由行动。法律通过制定明确的规则与界限，为自由划定了合理的边界，既防止了无序的放纵，又确保了自由的实现。正如法国启蒙思想家卢梭所言："人生而自由，却无往不在枷锁之中。"这里的"枷锁"，在法治社会里，正是那些旨在保护每个人自由不受侵犯的法律制度。

法律赋予的自由，是一种制度化的自由，它要求每个主体在享受自由的同时，也必须承担相应的责任和义务。这种自由不是无限制的放任，而是建立在尊重他人自由和社会公共利益基础上的合理行使。因此，有法律才有真正的自由，法律是自由的保障者。

（二）秩序

秩序，作为法的工具性价值，是社会存在和发展的基础。它指的是社会生活中相对稳定、有序、可预测的状态。在复杂多变的社会环境中，秩序如同一股无形的力量，维系着社会的正常运转。法律通过设立行为规范、调整社会关系、解决社会冲突，为秩序的形成和维护提供了强有力的保障。

秩序不仅是法治社会的外在表现，更是实现自由与正义的前提。没有稳定的秩序，个体的自由将无从谈起，社会的公平正义也难以实现。因此，法律在追求自由与正义的同时，必须高度重视秩序的构建与维护，确保社会生活的有序进行。

（三）正义

正义，作为法的核心价值，强调的是社会生活中主体的平等和公正。它要求法律在制定和实施过程中，必须遵循公平、公正、合理的原则，确保每个人的权利得到平等保护，每个人的义务得到公正履行。正义不仅是法律追求的目标，也是衡量法律好坏的基本标准。

在法治社会中，正义的实现依赖于法律的公正性、权威性和普遍性。法律应当成为维护社会正义的有力武器，通过公正审判、合理裁决等方式，消除社会不公，促进社会和谐。同时，正义的实现也需要社会各界的共同努力，包括政府、司法机关、社会组织以及每一个公民的积极参与和支持。

自由、秩序与正义，作为法的三大核心价值，相互依存、相互促进，共同构成了法治社会的精神支柱。在法治建设的道路上，我们应当始终坚持自由为本、秩序为基、正义为魂的原则，不断完善法律制度体系，提升法律实施效能，努力营造一个既充满活力又和谐有序的社会环境。只有这样，我们才能真正实现法律的最高价值——促进人的全面发展和社会的全面进步。

五、法的价值冲突

由于社会生活的多元化，因此价值形式之间会发生冲突和矛盾，如自由和秩序的冲突。例如，将学校隔离起来，以避免学生大范围感染某种传染病，就是通过限制自由来保证社会的秩序。

在法律实践中，法的价值冲突是不可避免的现象，它源于社会生活的复杂性与多元性，以及不同主体对法律价值的不同理解和追求。面对这些冲突，如何有效解决，不仅考验着立法者的智慧，也要求司法者和执法者具备高超的利益衡量与价值判断能力。下面旨在探讨解决法的价值冲突时应遵循的四大原则，即价值位阶原则、个案平衡原则、比例原则以及人民根本利益原则，以期为实践提供理论指导。

（一）价值位阶原则

价值位阶原则，又称价值排序原则，是指当不同法律价值发生冲突时，应首先确定它们之间的位阶顺序，优先保护高位阶的价值。这一原则基于法律价值体系内部的逻辑结构和人类社会的普遍价值共识。例如，在自由与秩序、正义与效率等价值冲突中，自由与正义往往被视为更为基础且重要的价值，因此在特定情境下可能需要牺牲一定的秩序或效率以维护自由与正义。然而，值得注意的是，价值位阶并非绝对固定，而是随着时代变迁、社会发展和具体情境的变化而有所调整。

（二）个案平衡原则

个案平衡原则强调在处理具体法律问题时，应充分考虑案件的特殊性和复杂性，通过权衡各方利益和价值，寻求最佳解决方案。这一原则要求法律适用者具备高度的灵活性和判断力，能够根据不同案件的具体情况，灵活调整价值保护的优先级和强度。个案平衡原则的运用，既是对价值位阶原则的补充和完善，也是实现法律公正与合理性的重要途径。

（三）比例原则

比例原则要求在实现某一法律价值时，所采取的手段必须与所追求的目的成比例，即不能为了达成较小的目的而采用过激的手段，也不能造成与目的不相称的后果。该原则包括三个子原则：适当性原则（手段能实现目的）、必要性原则（在众多手段中选择损害最小的）、均衡性原则（手段所造成的损害不得与欲达成之目的显失均衡）。比例原则的应用，有助于防止权力滥用和过度干预，确保法律实施的合理性和可接受性。

（四）人民根本利益原则

人民根本利益原则是所有法律价值冲突的解决标准和最终归宿。它强调在处理法律价值冲突时，必须始终将人民的根本利益放在首位，确保法律的制定和实施能够真正反映人民意愿，维护人民权益，促进人民福祉。这一原则不仅是对价值位阶、个案平衡和比例原则的补充和升华，也是社会主义法治建设的根本要求。在具体实践中，人民根本利益原则要求法律适用者深入了解民情、民意、民需，确保法律决策的科学性、民主性和人民性。

第三节　法的效力与作用

一、法的效力

（一）定义

法的效力，即法律的约束力，是指人们应当按照法律规定的那样行为，必须服从。通常，法的效力分为规范性法律文件的效力和非规范性法律文件的效力。规范性法律文件的效力，也称为狭义的法的效力，是指法律的生效范围或适用范围。非规范性法律文件的效力，是指判决书、裁定书、逮捕证、许可证、合同等的法律效力。这些文件在经过法定程序之后也具有约束力，任何人不得违反。但是，非规范性法律文件是适用法律的结果而不是法律本身，因此不具有普遍约束力。

（二）来源

（1）法的效力来自法律。法律有国家强制力，法律规定了具体的否定性后果，任何明显的违法行为都要受到国家相应的制裁——罚款、监禁甚至处死；法律保障社会成员的利益满足，因此具有效力。

（2）法的效力来自社会道德基础之上，法律体现公平、正义，因而人们服从政府、遵守法律。

（3）法的效力来自社会。民众从小就养成了模仿他人行为的习惯，包括按照别人的行为守法的习惯。法律维护社会秩序，社会要求人们的行为符合法律。

（三）位阶

法的效力位阶也称为法的效力等级或法的效力层次，是指在一国的法的体系中，具有不同形式的法律规范在效力方面的层级差别。影响法的效力位阶的因素主要有法的制定主体、制定时间、适用范围等。确定法的效力的位阶层次，主要是为了便于司法实践中正确认识和处理法的效力冲突问题。

认定法的效力位阶一般应遵循以下原则。

第一，宪法至上。宪法作为根本大法，在法的体系中具有至高无上的地位，一切法律法规和规章都不得与其相冲突，不合乎宪法的任何法律法规和规章，都不应具有法的效力。

第二，上位法优于下位法。法的效力位阶主要取决于立法主体在国家机构中的地位。一般来说，立法主体在国家机构中的地位越高，法的效力就越高。因此，当下位法和上位法的规定不一致时，应当适用上位阶的法。这是处理法的效力层次的一般原则。

第三，新法优于旧法。同一主体按照相同的程序先后就同一领域类的问题制定了两个以上的法律规定，当两个都具有法的效力的新旧规定不一致时，应当适用后来制定的规定，即“后法优于前法”或“新法优于旧法”。需要说明的是，新法优先于旧法的规定适用的前提是该新旧法律规定的制定主体是相同的，并且二者之间不存在一般法和特别法的关系。另外，应当指出的是，新法优于旧法和特别法优于一般法的规定，并无适用上的先后，应当根据具体情况作出决定。《中华人民共和国立法法》第一百零六条第一款规定，同一机关制定的新的一般规定与旧的特别规定不一致时，由制定机关裁决。

第四，特别法优于一般法。同一主体在同一领域既有一般性立法，又有不同于一般立法的特别立法时，特别立法的效力通常优于一般性立法，也即所谓的“特别法优于一般法”。但是“特别法优于一般法”的原则只限于同一主体制定的法律规范，对于不同主体就相同领域内的问题制定的法律规范，仍然依照制定机关的等级决定法的效力位阶的高低。而且，一般法和特别法应当属于同一性质的法，假如属于不同性质或不同部门的法，例如行政法和刑法之间，就不存在一般和特别的问题。

第五，国际法优于国内法。一般而言，国际法既不高于又不从属国内法，同时国内法也不从属于国际法。在特定情形下，凡主权国家签署或批准、认可的国际条约或国际惯例，对国内也有约束力，即使同一问题既有国际法规定又有国内法规定，并且两者相冲突时，国内法律规范也不得与国际条约或国际惯例相抵触。当然，国际法优于国内法并不是绝对的，对于主权国家声明保留的条款，就不适用该原则。

第六，强制性规定优先于任意性规定。强制性规定是指法律法规中的义务性或禁止性规定，该类规定，当事人没有自由选择的余地。任意性规定是指法为当事人的行为提供了可以选择的空间。当然，正因为是任意性规定，所以当事人可以通过约定的方式排除该规定的适用。不过，任意性约定不得违背禁止性规定。对某一事项有强制性规定时，应优先适用强制性规定。

根据《中华人民共和国立法法》的有关规定，我国法的效力层次可以概括如下。

（1）上位法的效力高于下位法，即规范性法律文件的效力层次决定于其制定主体的法律地位，行政法规的效力高于地方性法规。

（2）在同一位阶的法律之间，特别法优于一般法，即同一事项，两种法律都有规定的，优先适用特别法。

（3）新法优于旧法。

（四）种类

法的效力可以分为三种，即对象效力、空间效力、时间效力。

1.对象效力

法律对人的效力，是指法律对谁有效力，适用于哪些人。在世界各国的法律实践中先后采用过四种对人的效力的原则，即属人主义、属地主义、保护主义和以属地主义为主，与属人主义、保护主义相结合的原则。根据我国法律，对人的效力包括对中国公民的效力和对外国人、无国籍人的效力两个方面。

（1）属人主义，即法律只适用于本国公民，不论其身在国内还是国外，非本国公民即使身在该国领域内也不适用。

（2）属地主义，即法律适用于该国管辖地区内的所有人，不论是不是本国公民，都受法律约束和法律保护，本国公民不在本国，则不受本国法律的约束和保护。

（3）保护主义，即以维护本国利益作为是否适用本国法律的依据，任何侵害了本国利益的人，不论其国籍和所在地域，都要受该国法律的追究。

（4）以属地主义为主，与属人主义、保护主义相结合。即既要维护本国利益，坚持本国主权，又要尊重他国主权，照顾法律适用中的实际可能性。

我国采用的是第四种原则。根据我国法律，对象效力包括两个方面。

（1）对中国公民的效力。中国公民在中国领域内一律适用中国法律。在中国境外的中国公民，也应遵守中国法律并受中国法律保护。但是，这里存在着适用中国法律与适用所在国法律的关系问题。对此，应当根据法律区分情况，分别对待。

（2）对外国人和无国籍人的效力。外国人和无国籍人在中国领域内，除法律另有规定外，适用中国法律，这是国家主权原则的必然要求。

2.空间效力

法律的空间效力，也即法律发生效力的地域范围，是指法律在哪些地域有效力，适用于哪些地区。法的空间效力范围主要由国情和法的形式、效力等级、调整对象或内容等因素决定。通常有三种空间效力范围。

第一，有的法在全国范围内有效，即在一国主权所及全部领域有效，包括属于主权范围的全部领陆、领空、领水，也包括该国驻外使馆和在境外航行的飞机或停泊在境外的船舶。这种法一般是一国最高立法机关制定的宪法和许多重要的法律，最高国家行政机关制定的行政法规一般也在全国范围内有效。中国宪法和全国人大及其常委会制定的法律，国务院制定的行政法规，除本身有特别规定外，都在全国范围内有效。

第二，有的法在一定区域内有效。其分为两种情况：一是地方性法律法规仅在一定行政区域内有效，如中国有关国家权力机关制定的地方性法规、自治法规。二是有的法律法规虽然是由最高国家立法机关或最高国家行政机关制定的，但它们本身规定只在某一地区生效，因而也只在该地区发生法的效力，如全国人大常委会关于经济特区的立法就只适用于一定的经济特区。

第三，有的法具有域外效力，如涉及民事、贸易和婚姻家庭的法律。一国法的域外效力范围，由国家之间的条约加以确定，或由法本身明文规定。

3.时间效力

法律的时间效力，是指法律何时生效、何时终止效力以及法律对其生效以前的事件和行为有无溯及力。

（1）法律的生效时间。法律的生效时间主要有三种。

第一，自法律公布之日起生效（在没有明确生效时间规定时，根据惯例，自法律公布之日起生效）。

第二，法律条文中自行规定具体生效时间。

第三，规定法律公布后符合一定条件时生效（立法机关另行发布专门文件规定法律的生效时间）。

（2）法律终止生效的时间。法律终止生效，即法律被废止，指法律效力的消灭。它一般分为明示的废止和默示的废止两类。具体形式主要有以下几种。

第一，法律法规本身规定了有效期，有效期届满，从而自动失效。

第二，新法律法规明确规定自本法实施之日起，旧法律法规立即失效。

第三，法律法规据以存在的时代背景或者条件消失，或者其所调整的对象不复存在，或者其使命完成，使法律法规失去了存在的意义，从而自动失效（如当年社会主义改造时期的一些特殊法律规定）。

第四，权力机关进行法律法规清理，对外公布某项法律法规作废。

第五，随着新法律法规的颁布实施，相关内容与已生效的新法抵触的旧的法律法规自动失效。

（3）法的溯及力。也称法律溯及既往的效力，是指法律对其生效以前的事件和行为是否适用。如果适用，就具有溯及力；如果不适用，就没有溯及力。法律是否具有溯及力，不同法律规范的情况是不同的。关于法律的溯及力问题，一般通行两个原则：首先“法律不溯及既往”原则，即国家不能用现在制定的法律指导人们过去的行为，更不能由于人们过去从事某种当时是合法而现在看来是违法的行为，而依照现在的法律处罚他们。其次，作为法律不溯及既往“原则的补充”，法律规范的效力可以有条件地适用于既往的行为。从我国目前有关法律溯及既往的原则的规定，一般采用“法律不溯及既往”的原则。具体表现在，就有关侵权、违约的法律和刑事法律而言，一般适用“法律不溯及既往”的原则，而在某些有关民事权利的法律中，法律具有溯及力。

二、法的作用

（一）法的作用的含义

法的作用是指法律对其作用的对象所产生的影响及其效果。法作为一种特殊社会规范的作用，主要表现为法对人的行为和社会关系所产生的影响。从宏观角度来看，法调整的对象主要是人与人的关系以及人与自然的关系，也即法调整是与人相关的主要且基本的社会关系。尽管法并非调整所有的人与人以及人与自然的关系，但这并不影响法的作用范围的广泛性。法调整范围的宽泛与全面是分析和看待法的作用的重要指标之一。除此之外，法的作用的多层次和多样性也是法的作用的重要表征。

（二）法的作用的分类

法的作用具有多样性的特点，依据不同的标准或从不同的角度可以对法的作用作不同的分类，法的作用的类型主要有以下几种。

1.法的规范作用与法的社会作用

从法作用于人们的行为和社会关系的形式与内容之间的区别，可将法的作用分为法的规范作用与法的社会作用。法的规范作用是指法律规范对人们的行为或社会关系产生的影响。法的社会作用则是指法律规范的实行对社会结构、社会秩序所产生的效果。法的规范作用与法的社会作用并存且依存，法律规范透过对法律规制对象的调整，进而对社会产生影响；它们是从不同侧面对法的作用的阐释，其中任何一种作用皆不可缺失。

法的规范作用与法的社会作用有着显著区别：第一，作用对象不同。法的规范作用是针对人的行为，法的社会作用对象则是社会结构与秩序，前者更为直接和形式化，后者更为间接和实质化。第二，作用方式不同。法的规范作用是法的功能的直接体现，而法的社会作用则是法的功能的间接体现，即法通过调整人们的行为而对社会产生实质性的影响。第三，作用角度不同。法的规范作用是从微观角度来探讨的，法的社会作用则是从宏观角度来认识的，前者更为具体和形式化，后者则比较抽象，更为本质。

2.法的直接作用与法的间接作用

法的直接作用与法的间接作用是以法与其作用对象之间的关系不同为基准划分的。法的直接作用是指法律规范对其调整对象的作用是直接的，如婚姻法对婚姻家庭关系的调整。法的间接作用是指法律规范对调整对象的作用是间接的，也就是通过其他法律调整的对象或调整其他的对象来实现的，如行政法的作用对象实际上并不限于行政关系，它对其他对象的作用就属于间接作用。

3.法的整体作用与法的局部作用

依据作用的范围可以将法的作用分为整体作用与局部作用。法的整体作用是指法律作为一个整体的作用。法的局部作用是指作为法律整体组成部分的作用。两者是相对而言的，我们应当认识到法的整体作用的实现要靠各个局部作用的协调与配合，也要注意既不能把局部作用当作整体作用，也不能把整体作用当作局部作用。

4.法的正面作用与法的负面作用

以法的作用的工具意义的正负向度可以将法的作用分为正面作用与负面作用。法的正面作用是指与法所追求的目的或价值之间存在正相关的意义，即法对人与社会具有有益的、积极的作用。法的负面作用是指与法所追求的目的或价值之间存在负相关的意义，即法对人与社会具有的有害的、消极的功能。法的正面作用与负面作用共存于法律规范之中，法既具有众多的正面作用，也因其内在局限性而具有一些负面作用。在一定程度上，法的正面作用与负面作用是相对的。

5.法的预期作用与法的实际作用

按照作用的现实性可以将法的作用分为预期作用与实际作用。法的预期作用是指立法者形成法律时设想法律应当或可能发挥的作用。法的实际作用则是法律制定之后针对调整对象实际起到的作用。法的预期作用与实际作用总是存在或多或少的差距，如果实际作用与预期作用相去甚远，则意味着立法者的目的没有得到切实实现；如果实际作用与预期作用大体一致，则表明法律制定者的目的得到了较好的落实。

（三）法的规范作用

法学界一般认为，根据法的规范作用的主体范围及方式的不同，法的规范作用可分为指引作用、评价作用、教育作用、预测作用和强制作用五种。

1.指引作用

法的指引作用是指法律规范为法律主体提供行为模式，指引其可以、必须或不得这样行为，从而对法律主体的行为产生影响。以指引对象为标准可将指引作用分为个别指引与规范指引。个别指引是指通过一个具体的指示就具体的人或情况的指引；规范指引是指通过一般的规则就同类的人或情况的指引。

以所指引对象的选择自由度为基准可将指引作用分为选择性指引和确定性指引。选择性指引是指法律主体对（授权）法律规范所指引的行为有选择余地，法律容许人们自行决定是否这样行为，法律明确规定这种选择的后果和责任。确定性指引是指法律主体必须根据（义务性）法律规范的指引而行为，即法律明确规定应当、必须或者禁止行为的内容。确定性指引通过作为义务与不作为义务规范指引法律主体必须和不得从事一定行为。如果违反这种规定，就应承担某种否定性的法律后果。

2.评价作用

法的评价作用是指法律规范具有判断、衡量法律主体的行为是否合法或有效及其程度的作用。法通过发挥这种评价作用来影响人们的价值观念和是非标准，从而达到指引人们行为的效果。法有着与其他社会规范评价作用不同的特点。法律规范本身具有一般性、确定性、概括性、平等性、公开性、稳定性、内在协调性、可行性等诸多内在特性。同时，在适用法律进行评价时，可以通过法律方法的运用来确保这些特性。法对行为的评价大体上是不会因人而异的，法律规范的评价也是有效的。因此，法的评价具有显著的客观性和普遍的有效性。

3.教育作用

法的教育作用是指通过灌输法律规范或实施法律规范对法律主体行为发生直接或间接的影响。法的教育作用首先表现为法通过体现在法律规范中的思想、观念和价值观灌输给社会成员，使社会成员确立对法律的信念，即使外在法规范内在化，进而使其遵守甚至服从法律。其次，法的教育作用可以通过法律规范的实施，对法律主体以后的行为产生影响。以教育效果为标准可以将法的教育作用分为消极的教育和积极的教育。消极的教育是指通过法律实施对法律主体产生负面的影响；积极的教育是指通过法律实施对法律主体产生正面的影响，积极教育包括反面教育和正面教育。反面教育是通过对违法行为实施制裁来达到对包括违法者本人在内的一般人的警示和警诫的作用；正面教育则是指通过对合法行为加以保护、赞许或奖励来达到对一般人行为的表率、示范作用。

4.预测作用

法的预测作用是指法律主体可以根据法律规范预先估计有关的法律主体是否作出行为、如何作出行为及行为的法律后果，从而对自己的行为作出相应的安排。一般而言，法的预测作用可分为以下三种情况。

（1）对是否作出行为的预测。即当事人依据法律规范事先估计对方当事人作出行为的概率，判定其是否作出行为，未雨绸缪。

（2）对如何作出行为的预测。即当事人根据法律规范预计对方当事人将如何行为，自己将采取何种对策并作出相应的行为。

（3）对行为后果的预测。即法律主体按照法律规范可以预见到涉及自己或者他人的行为是否具有法律上的合法性与有效性，从而判断相关行为的后果：是应受到国家肯定、鼓励、保护或奖励，还是应受法律撤销、否定或制裁。法的预测作用与法的规范性、确定性特征密切相关。

5.强制作用

法的强制作用是指法通过运用国家强制力制裁违法犯罪行为、强制义务主体履行义务来保障法律规范被遵守和实施。该作用是以国家强制力为后盾，其作用的对象是违法犯罪者的行为。法的强制作用通过制裁和预防违法犯罪行为，维护公民、法人和其他组织的合法权益，进而增进社会成员的安全感。强制作用是任何法律都不可或缺的，是法的其他作用的保证。如果没有法的强制作用，法的指引作用、评价作用、预测作用与教育作用就会大打折扣，甚至最终荡然无存。

（四）法的社会作用

法的社会作用是指法律规范对社会关系、社会结构以及社会秩序产生的影响以及效果。法的社会作用具体表现在以下五个方面。

1.维护社会秩序

社会秩序对于人类以及人类社会至关重要，社会秩序是人类及人类社会开展活动的前提。如果没有秩序，人类与人类社会就难以甚至无法生存和维系，更勿言发展了。从历史角度来看，法律之所以产生，主要就是因为它能禁止专横、制止暴力、维护秩序与和平；从现实角度来看，法律发展的重要任务也是为了社会的安宁与有序。同时，国家安全乃至国际安全也是社会秩序的构成部分，一旦国家或国际安全受到严重威胁和挑战，法律则是减缓以至消除这些威胁与挑战的有力武器。另外，由于法律具有以公共权力为基础的强制性以及最低限度的正当性，故通过法律来维护社会秩序能够使其更具持久性与权威性。法律对社会秩序的追求与保障也是法律自身的规范性、确定性、概括性、一般性等特性的必然要求。

2.推进社会变迁

法律具有维护社会稳定与秩序的作用，然而，此种稳定性是相对的，而非僵化的和绝对的。也就是说，法律在维护社会安宁与有序的同时，还要不断推进社会变迁。从某种程度上来说，法律维护社会秩序依然具有工具意义，是为了更好地推进社会的变迁，此种变迁当然是正向度意义上的变迁，即社会的发展。社会发展与变化是社会演进追求的目标，是社会稳定的中心任务，社会的变迁与发展更有利于社会的有序与安定。推进社会变迁也是法律本身的相对稳定性在社会作用方面的折射。

3.促进社会融合

法律具有组织人类社会以及政治过程的功能，这种功能随着人类社会的发展日益凸显，相应地，法律在所有国家形态中尤其是在现代国家形态中发挥着重要作用。在一定程度上，法律的逐渐划一就意味着组织的统一，因为法律为人类生活中包括国家等各个层面的社会组织的统一提供了共同的基础，正是以法律为基础才形成了不同等级的组织，并构成了以法律为共识基础的人类社会（包括国内社会和国际社会）。另外，随着社会的进步，社会分工和职业分工日渐细密并不断分化出具有不同利益的各种组织，法律在协调代表不同利益的组织方面具有不可替代的作用。

4.处置社会纷争

法律所具有的最为直接与基本的作用就是处置社会纷争。法律将人类社会的纠纷和争端控制在一定程度内，并在一定的秩序范围内和平地予以解决，进而降低其危险性和减少其危害性。法律的规范性就在于为法律主体的行为提供行为模式与方向，即隐含着解决纠纷的功能，此种功能是以法的强制力为基础的，法律此种处置社会纷争的作用主要通过潜在与现实的形式显现出来。同时，现代国家几乎都确立了“司法最终解决”原则，因此，与其他解决社会纠纷的形式相比，法律这一社会控制方式对社会争端与分歧的处理更具权威性与终极性。

5.实现社会目标

法律是人所制定的，从终极意义上而言，法律源于人，更服务于人，这意味着从法律产生之日起就具有工具意义或外在价值。从立法者角度而言，法律可以促进制定和实施它所主张的价值和目标，即所谓法律的主观目标；从法律自身来看，也存在其应当实现的价值与目标，这就是所谓法律的客观价值目标。无论是法律的主观价值目标还是法律的客观价值目标，都无法也不能逃脱法律作为手段以实现人类社会目标的意义。

（五）法的作用的局限性

法的作用的局限性是指法在调整或影响人们行为和社会生活时，因其自身固有的特点而导致其目的实现的不圆满性。法的作用的局限性有诸多原因，比如法律本身不完备、法律适用不完全、法律遵守不到位等，导致法的预期作用与现实效果之间总存在一定的差距。因此，尽管法律在维护和促进人类社会发展与进步方面会发挥一定的作用，但是此种作用与立法者的预期以及法律自身应有的功能之间总存在某种无法弥合的缝隙。也就是说，法律的作用不是万能的，而是具有一定局限性的。这种局限性主要体现在以下几个方面。

第一，法只是社会控制方法之一。法不是社会控制的唯一方法，社会控制方法除了法律之外，还有道德、宗教、政策、纪律以及其他社会规范。法律对于建立和维护整个社会秩序具有不可或缺的作用，尽管法律作为迄今为止最好的治理方式得到了世界各国的承认和实行，而且现代社会中法的作用日益凸显，但是法律在社会关系和社会生活的许多领域仍然无能为力，这意味着需要其他社会控制方法来调整法律所不能或无法调整的领域，以弥补法律作用的局限性，确保社会的安定有序。

第二，法的作用范围是有限的。法律是通过建构抽象概括的规范对法律主体行为予以调整的，但是所调整的只能是主体的外部行为，这意味着法律不调整无法外显的行为，法律无法涉足诸如人的思想感情之类的内在领域。即使法律调整诸如动机、目的之类的主观因素，也往往是通过外在的行为加以推定的。另外，法律所建构的也是一种外在形式意义上的秩序，只要行为符合法律的规定，法律并不过问该行为的动机。因此，法律作用的领域并不是无限的。

第三，法的作用的发挥是有条件的。同样的法律在不同国家或者同样的法律在同一国家的不同时期，其影响与效果相差甚远甚至迥然不同，其缘由就在于法治的条件各异。法律的诸多规范作用与社会作用的发挥需要诸多条件予以满足，如果不具备这些条件，法同样无法发挥其应有的作用。这些条件包括合理的宪政体制、完备的法律体系、高素质的法律从业者、良好的执法环境等。另外，法律与事实之间的对应难题也不是法律所能够完全解决的。

第四，法固有特性的负面向度影响其作用的发挥。法律具有稳定性、概括性、经济性等特性，这些特性具有正负两面向度。法的稳定性要求法律在一定时期内保持不变，但是社会生活又是变动不居的，如此必然导致法律与社会生活之间的张力，法律与社会生活无法达到高度一致。法的概括性要求法律简洁、抽象，具有一般性，而社会生活是纷繁复杂的，具有鲜明个性，这势必引起法律与社会生活的不对称，使法律难以适用于情况复杂多变的社会生活之中。法的经济性意味着法律的运行要体现效率，为此必然导致与法律正义之间的抵牾。另外，法的经济性还意味着法律是一项必须投入大量资源的活动，即法律的运行是成本高昂的活动，高昂的投入构成影响法律作用发挥的因素。是故，以上这些法律的固有特性的负面向度皆会影响其作用的发挥。

对法律的局限性应站在客观与公允的立场予以评价，为此必须克服两种极端观点：法律无用论和法律万能论。法律无用论站在怀疑主义的立场，任意夸大法律的缺陷、弊端、局限性，将法律贬得一无是处，完全否认法律的作用，就有可能导致抛弃法律，进而否定法治并退回到人治主义与无法状态之中。同样，法律万能论则对法律局限性的客观存在视而不见、避而不谈、无限夸大法律的作用，将法律描绘成无所不能的灵丹妙药，如此就难以甚至无法发现法律中客观存在的问题和不足，一方面可能导致立法难以完善，法律难以进步、发展和健全；另一方面可能给法律的运作带来危害。因此，对法的作用进行评价的客观立场应当是坚持“两点论”，即对法律的作用既不能夸大，也不能缩小，更不能忽视；法律既不是无用的，也不是万能的；“法律无用论”和“法律万能论”都是错误的。为此，既要反对“法律无用论”，又要防止“法律万能论”。

探讨法律的局限性，固然是为了使法律更加完备和完善，并坚守迄今作为人类社会最好治理方式的法治主义，这是一种法律视野内的观点。然而，面对法律的局限性，人类能否独善其身？为此，必须从法律视野之外寻找克服法律局限性的路径，一方面通过寻求法律之外的资源来直接弥补法律的局限性，另一方面可以通过将法律外在资源转化为法律内在资源来间接弥补法律的局限性，这是一种法律视野内外相结合的观点。法律应该将人类已经创造的全部智慧成果反映到自身结构和运作中，让法律更好地造福人类社会。

第二章　法律的要素

第一节　法律概念

法律概念，作为对各种法律事实和法律现象进行高度概括与抽象后形成的权威性范畴，不仅是法学理论的基本构成要素，也是法律实践不可或缺的工具。下面旨在探讨法律概念的定义、意义及其在推动法治建设中的作用。

一、法律概念的定义

法律概念，简而言之，是对纷繁复杂的法律现象和法律事实进行去粗取精、去伪存真的过程，通过抽象出它们的共同特征或本质属性，从而构建具有普遍适用性和权威性的知识单元。这一过程不仅要求精确无误地描述法律现象的外在特征，更要深入挖掘其内在的逻辑联系和价值判断。法律概念的形成，既是法律思维的结晶，也是法律文化的传承。

二、法律概念的意义

（一）有利于对法律基本精神和内容的理解

法律概念是通往法律核心价值的桥梁。通过对法律概念的深入理解，人们能够更准确地把握法律的精神实质和基本原则，避免对法律条文的片面解读或误读。例如，“公平正义”作为法律追求的核心理念，通过一系列具体的法律概念（如“平等权”“正当程序”等）得以体现和实现，从而帮助人们深刻地理解法律的本质要求。

（二）有利于对法律规则与法律原则的执行与适用，提高法律的确定性

法律规则的适用离不开对法律概念的准确界定。清晰的法律概念为法律规则

的适用提供了明确的标准和界限，减少了法律适用过程中的随意性和不确定性。同时，法律原则作为法律规则的指导和补充，其实现也依赖于对法律概念的深入理解。通过精确的法律概念，可以确保法律原则在具体案件中的恰当适用，增强法律的稳定性和可预测性。

（三）有利于法学研究，减轻思维的负担

法学研究是对法律现象和法律问题进行的深入分析和探讨。法律概念作为法学研究的基本工具，能够帮助研究者将复杂的法律现象和问题简化为易于理解和分析的概念框架。这不仅减轻了研究者的思维负担，提高了研究效率，还促进了法学知识的积累和传播。

（四）有利于立法的科学化，提高法律科学化

立法是法治建设的基础环节。科学的立法离不开对法律概念的准确把握和合理运用。通过明确法律概念的含义和界限，立法者能够制定出更加精准、完善的法律规范，提高法律的质量和可操作性。同时，法律概念的规范化和统一化也有助于避免法律之间的矛盾和冲突，促进法律体系的和谐统一。

三、法律概念的功能

（一）表达功能：法律思想的精准传递

法律概念的首要功能在于其表达性。作为法律语言的基本要素，法律概念及其之间的逻辑关系，构成了法律文本的基础框架。这些概念如同法律世界的词汇表，通过精确的定义和相互之间的关联，使复杂的法律思想得以清晰、准确地表达出来。没有法律概念，法律条文将失去其内在的逻辑性和连贯性，变得难以理解与应用，法律的存在也将变得难以想象。因此，法律概念不仅是法律文本的基本构件，更是法律思想得以传承和发展的重要载体。

（二）认识功能：开启法律理解之门

法律概念的认识功能，在于它们为人们提供了一个认知法律的窗口。通过学习和掌握法律概念，人们能够逐步深入了解法律的内容、结构和精神实质。法

律概念不仅是法律知识的起点，也是法律交流的基础。在司法实践中，法官、律师、学者等法律专业人士通过共享的法律概念体系，进行深入的法律分析和讨论，形成共识，推动法律适用的准确性和一致性。对于普通公众而言，掌握基本的法律概念，也是提升法律素养、维护自身权益的重要途径。

（三）完善功能：推动法律科学的进步

法律概念的完善功能，体现在其对于法律体系的优化和提升作用随着社会的不断发展和变迁，法律也需要不断适应新的社会需求和挑战。在这一过程中，法律概念的丰富和明确化显得尤为重要。通过引入新的法律概念、完善既有概念的定义和边界，法律体系能够更加精确地反映社会现实，提高法律的明确性和可操作性。同时，丰富而明确的法律概念也有助于提升法律的专业化程度，使法律工作成为一门独立的职业，吸引更多高素质的人才投身其中，进一步推动法律科学的进步和发展。

四、法律概念的类型

在法律体系中，法律概念作为构建法律大厦的基石，不仅承载着法律规则的精髓，也指引着司法实践的方向。它们以精准的语言表达，界定了法律关系的主体、内容、对象及事件，确保了法律的适用性与可操作性。下面将从主体概念、关系概念、客体概念、事实概念四个维度出发，并结合内容分类与涵盖面大小的分类，深入探讨法律概念的类型及其重要性。

（一）法律概念的基本类型

1.主体概念

主体概念是法律关系的核心要素之一，它明确了法律行为的发起者或承受者。这类概念包括但不限于：

（1）公民，指具有一国国籍的自然人，享有该国法律规定的权利并承担相应义务。

（2）法人，是具有民事权利能力和民事行为能力，依法独立享有民事权利和承担民事义务的组织。

（3）原告与被告。在诉讼程序中，分别代表提起诉讼的一方和被诉的一方。

（4）行政机关。依法成立的，行使国家行政职权，进行行政管理的国家机关。

主体概念的清晰界定，为法律关系的建立与调整提供了基础框架。

2.关系概念

关系概念聚焦于法律主体之间的权利与义务关系，是法律调整社会关系的直接体现。主要类型有：

（1）所有权，指所有人依法对自己的财产享有占有、使用、收益和处分的权利。

（2）抵押权，指债务人或第三人不转移对财产的占有，将该财产作为债权的担保，债务人不履行债务时，债权人有权依法以该财产折价或拍卖、变卖的价款优先受偿的权利。

（3）交付义务，指按照法律规定或合同约定，将标的物转移给对方的义务。

（4）赔偿责任。因违反法律规定或合同约定，给他人造成损害而应承担的补偿责任。

关系概念的明确，确保了法律关系的稳定性与可预测性。

3.客体概念

客体概念是法律关系中权利与义务所指向的具体对象，是法律调整的具体内容。常见的客体概念有：

（1）动产，指能够移动而不损害其经济用途和经济价值的物。

（2）主物与从物。主物是指为结合使用而服务的物，从物则是指辅助主物发挥效用的物。

（3）支票，是出票人签发的，委托办理支票存款业务的银行或者其他金融机构在见票时无条件支付确定的金额给收款人或者持票人的票据。

客体概念的界定，有助于明确法律关系的具体指向，保障权利的实现与义务的履行。

4.事实概念

事实概念用于描述引起法律关系产生、变更或消灭的事件和行为。包括：

（1）失踪，指自然人离开自己的住所，下落不明达到法定期限的法律事实。

（2）不可抗力，指不能预见、不能避免且不能克服的客观情况，如自然灾害、政府行为等。

（3）违约，指合同当事人违反合同约定的行为，包括不履行、不完全履行或迟延履行等。

事实概念的引入，为法律责任的认定提供了事实依据。

（二）法律概念的进一步分类

1.依内容分类

（1）涉人概念。主要涉及法律主体的身份、资格等，如“公民”“法人”。

（2）涉事概念。描述法律事件或行为，如“失踪”“违约”。

（3）涉物概念。指向法律关系的具体对象，如“动产”“支票”。

2.按涵盖面大小分类

（1）一般法律概念。具有普遍适用性，如“权利”“义务”。

（2）部门法律概念。仅适用于某一特定法律领域，包括“宪法概念”（如“国家主权”）、“刑法概念”（如“故意杀人罪”）、“民法概念”（如“合同”）等。

五、法律概念的特性

（一）明确性

法律概念的用词通常要求准确和精练，它通过简约化的集中表述，向人们阐明了法律规范所要调整的某类事物的本质和特征，一则避免了立法上的重复性，二则增加了法律的透明性，以使人们的合法权益不因法律规定的模糊而受到损害。但法律概念毕竟是经过抽象处理的技术性语言，它在高于实践的同时又增加了理解上的难度。因此，立法机关或司法机关通常会采用一定的方式对其所使用的法律概念进行界定，以消除模糊不清的地方或可能出现的歧义。在法学研究中，概念的明确性是立论的前提。概念不明确，必定会产生理解上的偏差。

（二）法定性

法律概念的法定性表现在三个方面：一是制定程序上的法定性。法律概念可来源于日常生活的实践或法学理论的抽象，但当它需要上升到制定法的高度，成为法的要素时，就必须由特定的机关经特定的程序来进行。二是含义的法定性。法律概念一旦作为法律条文规定下来时，就被赋予了特定的含义。例如，我们平时所理解的“国家工作人员”就与作为法律概念的“国家工作人员”有别，刑法第93条专门就其在刑事领域中的含义作了界定。这种特定的含义，除法定机关之外，其他的任何人或团体都不得随意进行扩大或限缩的解释。三是效力上的法定性。法律概念作为法的组成部分，自然具有法的强制效力，任何人不得违背其指称的特定含义，否则就会受到法律的制裁。

（三）可操作性

法律概念虽然不能规定具体的事实状态和法律后果，但它是确定主体的权力或权利、义务和责任的前提。当人们把某人、某一情况、某一行为或某一物品归于一个法律概念时，相应的法律规则和原则即可适用。例如，只有当我们认定某个社会组织是“法人”时，民法典中有关的权利和义务规定才能适用于该组织。再如，当某种行为被确认为符合“受贿罪”的构成要件时，关于受贿罪的法律后果就会适用于该行为。可以看出，法律概念的可操作性并不直接表现在对该事物或行为的定性分析上，而是表现在它启动了规则和原则的运行，使法的要素从整体上发挥调整社会关系的功能。

第二节　法律规则

一、法律规则的概念

法律规则是一种特殊的社会规范，它是国家制定或认可的并以国家强制力保障实施的，以权利与义务为内容的具有严密逻辑结构的行为准则或标准。法律规则是法律的具体表现形式，其必然体现出法律规范的共性。例如，从来源上看，法律规则是国家制定或认可的规则；从内容上看，法律规则是以权利与义务为内容来调整人们的行为；从结构上看，法律规则具有严密的逻辑结构；从执行上看，法律规则以国家强制力为保障；从后果上看，法律规则具有明确的责任与后果规定。总之，法律规则是一种具体的、严密的行为模式与导向，与其他社会规范存在明显区别。

二、法律规则的特征

事物的特征是该事物区别于其他近似事物的标志和特点。法律规则的特征是法的本质的外化和体现，是法律规则区别于其他社会现象和规范（如道德规范、宗教规范、纪律规范、政党政策、自治规范以及法律原则等）的基本标志和特点。

法律是一种特殊的行为规范，作为其最基本的和最主要表现形式的法律规则理所当然地具有不同于其他规范或规则的特点，主要表现在以下几个方面。

（一）具体性

法律规则与其他的规范或规则相比，针对性强，规定得非常具体，便于理解和适用。虽然法律是针对行为和现象的一般性规则，具有普遍性，但立法者在制定和认可规则时，总是从行为与现象的具体情况出发拟制出各种具体情况或类别，并规定行为模式和相应的法律后果，以便发生了规则所规定的行为或现象时可以直接加以适用。而其他规范则往往比较原则和宏观，如道德规范往往只有弹性要求，它要求人们诚实信用、乐于助人，但到底应当如何诚实、如何讲信用、如何助人以及违背了上述要求应当承担什么样的责任，其要求是不具体的，甚至不同的人对道德规范的理解见仁见智，故道德规范的弹性较大，不易把握和运用。

（二）确定性

一方面，法律规则的确定性表现为法律规则内容不但具体，而且比其他规范或规则更加确定，如发生一定的具有法律意义的行为或现象，人们依据具体明确的法律规则所作的关于性质、后果等的评价比较确定，差异相对较小。因为法律是在国家主权范围内具有统一性的强制性的行为规则，是人们评价一定行为和现象的强制性标准；道德评价则可能因人而异，很难统一。另一方面，法律规则比法律原则具体，自由裁量的弹性和空间较小，对一定行为与现象的评价比较确定，如违法与否、责任大小等。

（三）可操作性

正是由于法律规则的具体性和确定性，因此其比法律原则更具有可操作性。同时，法律规则包含丰富具体的程序内容，对法律行为或法律事件的处理更加程序化和理性化，更容易操作。民事诉讼法、刑事诉讼法、行政诉讼法以及行政程序法就规定了大量的具体操作程序，比较集中地体现了法律规则的可操作性。

（四）微观指导性

法律规则作为行为规范，通过权利义务的规定为人们的行为提供了各种模式，引导人们合法地行为、合法地解决纠纷，进而达到调整社会关系、缓和与解决社会冲突的目的。而法律原则比较关注法律规则的精神实质和价值取向，从宏观上关注和指导人的行为。一般而言，法律规则既蕴含和体现了法律原则的价值取向和精神实质，也为人的行为提供了直接的微观指导。

法律规范的直接调整对象是人的行为，法律规范的间接调整对象则是社会关系。即便是刑法研究犯罪的动机、目的等主观状态时，其落脚点还是行为，故法律规范以人的行为为直接调整对象，这是法律规范区别于其他社会规范的重要特征，因此，在法律上不存在思想违法问题。而道德规范和宗教规范则不仅调整人的行为，而且调整人的思想，即通过思想控制也是其调整社会关系的方式。政治规范是通过组织控制或舆论控制来实现社会调整目的的。

（五）国家强制性

从实施方式上看，法律规则与其他社会规范或规则的重要区别在于其具有国家强制性，即法律规则是由国家强制力保障实施的。其他社会规范或规则在贯彻实施上也有一定的强制性，但不具有国家强制性。例如，习惯规范主要靠传统观念和社会力量强制，道德规范主要靠社会舆论的强制和内心信念起作用，宗教规范主要靠信仰和精神力量进行强制，政党规范的实施主要靠党内纪律规范强制。在所有的社会规范或规则中，只有法律是依靠国家强制力保证实施的最普遍的规范。所谓国家强制力，是指统治阶级基于一定的统治目的而建立起来的军队、监狱、警察、法庭等国家暴力设施和权力机构。

当然，法律规则的实施以国家强制力为后盾，并不意味着在法律实施的整个过程都要时时借助于国家强制力。通常情况下，国家强制力是隐而不发的，只有当法律的运行出现问题时，即出现违法行为或出现纠纷时，才需要国家强制力依法介入，以保证法律规则的落实。

（六）普遍适用性

法律规则是以国家名义颁布实施的，代表了国家意志，因此，它是国家主权范围内普遍适用的社会规范，是判断是非、定纷止争的强制性标准和依据。

法律规则的普遍适用性含义有二：一是指法律规则作为国家意志的体现，在一国主权范围之内或其所调整的范围内普遍有效和普遍适用，任何机关、组织和个人都必须遵守，不得排斥其效力和适用。二是制定和适用法律规则之目的不在于特别地保护个别人或个别组织的利益，也不在于约束和制裁某些个人或组织的行为。法律规则制定的基点是社会上的一般人和一般组织，尽管它必将被适用于具体的人和组织，但其出发点是抽象的一般人和一般组织，其所提供的行为模式也是一般人和一般组织的行为模式，当然，组织行为最终还是通过人来体现和实施的。故任何人的合法行为都应当毫无例外地得到肯定和保护，任何人的违法行为也都应当毫无例外地受到法律的否定和制裁。

其他社会规范往往有其特定的适用对象、适用范围和实施方式，如习惯规范、道德规范、宗教规范等，只在一国特定范围内、对特定的对象有效，超出一定的范围则不具有约束力。

（七）特殊程序性

法律程序即实施法律行为所必须遵循的法定的时间和空间上的步骤与方式，这是一种以国家意志和国家强制力为保障的程序。法律的实施以国家强制力为保障，但并非混乱无序。相对于其他社会规范，法律规则更注重行为的过程和步骤及其公正性和合理性。任何具有法律意义的行为都必须按照程序进行，而且这种程序本身也是通过国家颁布和确认的，是法律规则的重要组成部分，是保证法律实质目标实现的不可缺少的法律手段。其他社会规范或规则并非没有程序，也有一定的空间和时间上的步骤和方式，但不具有国家意志性、强制性和稳定性，随意性也比较大。

三、法律规则的分类

（一）根据调整方式分类

根据调整方式的不同，法律规则可以分为授权性规则、义务性规则和权义复合性规则。

1.授权性规则

授权性规则是指规定个人或组织可以做出某种行为，或要求他人（包括组织和个人）做出某种行为的法律规则。至于是否做出或是否要求做出某种行为，个人或组织有选择的自由。从内容上看，这类规则主要是对公民、法人或其他组织权利的授予。例如，公民有结婚的权利和自由，受到违法行为损害的一方有获得赔偿的权利等均属此类，这类权利在大陆法系里属于私权利。

2.义务性规则

义务性规则是指规定个人或组织必须依法做出某种行为或不得做出某种行为或抑制某种行为的法律规则。例如，《中华人民共和国民法典》中关于夫妻、父母与子女之间的有关义务的规定，有关承担违约责任的规定以及关于承担损害赔偿责任的规定等均属此类。从内容上看，这种规则有两种情况：一是规定个人或组织强制作为的义务，在法律条文中经常使用“应该”“必须”“须”“有……义务”“有义务”“有责任”等字眼，如父母对未成年子女有抚养的义务。二是规定个人或组织不作为的义务，如《中华人民共和国宪法》第三十七条第三款规定：“禁止非法拘禁和以其他方法非法剥夺或者限制公民的人身自由，禁止非法搜查公民的身体。”这类规则在法律条文里经常使用“禁止”“严禁”“不得”“不准”等语词表述。

有的法理学教材把禁止性规则与授权性规则和义务性规则并列为一种法律规则，我们认为这种划分无论是在逻辑上或是法理上都无法自圆其说。法律规定的义务表现形式有作为的义务和不作为的义务，只是方式不同，一个是积极的作为，一个是消极的不作为，但其性质相同，都是义务，目的也是相同的，因此，把禁止性规则排除在义务性规则之外的观点不能成立。

3.权义复合性规则

权义复合性规则是指规定个人或组织享有某些权利的同时，必须履行某些义务的法律规则，即该类规则兼具权利与义务两方面的内容，主要是对国家机关、具有国家权力性质的组织及其工作人员某种权力的授予和限制，具体表现为某种职权和职责，这种职权在大陆法系里属于公权力，如行政管理权、检察权、审判权等，在法律文件中具体表述为“享有”“有权”“可以”等文字。当然，伴随权力的授予也体现了义务的约束，即在这种情况下，授权就是限权，权利也是义务，职权就是职责，主体既不能随意行使职权，也不能随便放弃职权。宪法赋予公民的教育权、劳动权，既是权利，又是义务，亦属此类。

（二）根据强制性程度分类

根据强制性程度的不同，法律规则可以分为强制性规则和任意性规则。

1.强制性规则

强制性规则内容明确、具体，不需要援引其他法律规则，其义务必须履行，没有伸缩空间，更不允许变更或违反，主要表现形式是义务性规则：一是禁止作为的规则，即不作为义务；二是要求作为的义务。在宪法、行政法、刑法、刑事诉讼法等各个领域均有表现，但在公法领域居多。

2.任意性规则

任意性规则允许行为人在法定范围内自由选择确定具体的权利和义务，在行为人未作选择或无法选择时，才为其设定具体的权利和义务。这类规则在民商法领域居多。

（三）根据内容明确程度分类

根据内容明确程度的不同，法律规则可以分为确定性规则、非确定性规则和相对确定性规则。

1.确定性规则

确定性规则是指权利和义务的内容具体、明确，可以直接适用的法律规则，大多数的法律规则即属此类。

2.非确定性规则

非确定性规则，也叫委任性规则，是指规则中没有明确具体的权利和义务，而是委托某一机关或组织另外确定具体的权利和义务的法律规则。

3.相对确定性规则

相对确定性规则，也叫准用性规则，是指没有直接规定具体的权利义务内容，而是明确指出在该问题上准许引用其他某项具体法律规定的法律规则。这类规则的内容只是相对确定，是通过间接的方式明确的。

（四）根据功能分类

根据功能的不同，法律规则可以分为保护性规则、奖励性规则和制裁性规则。

1.保护性规则

保护性规则是确认个人或组织的权利、行为合法有效并予以保护的法律规则。

2.奖励性规则

奖励性规则是对那些为社会作出某种特殊贡献的行为予以奖励和支持的法律规则。从广义上讲，奖励也是一种保护，但奖励的行为和保护的行为在道德层次上是有所不同的，其所奖励的行为的道德层次往往高于保护性规则调整的行为的道德层次。

3.制裁性规则

制裁性规则是对各种性质的违法行为予以否定、撤销以至制裁的法律规则。制裁在法律规则中比较普遍，在各部门法中均有体现，如刑法中的各种定罪判刑的规定，行政法中的行政法律责任以及行政处罚、处分等。当然，根据不同的标准和需要还可以对法律规则作另外的划分。

第三节　法律原则

一、法律原则的概念

法律原则是可以作为法律规则的基础或本源的综合性、稳定性的原理和准则。法律原则的出现具有历史必然性。在具有成文法传统的国家，以条文形式固定下来的法律具有至上的权威，是国家执法、司法和公民守法的基础和来源。为使法律能覆盖社会生活的方方面面，立法者往往倾向于制定尽可能完备的法律，并期望所有的法律问题都能够在自身体系内通过逻辑推理的法律方式获得解决。然而，事实证明，法条本身并不具有自给自足的功能，而且法律往往滞后于社会生活，无论怎么追求完美，法律总会存在这样或那样的矛盾、疏漏和空白，有时法条或法律规则之间不协调、不一致，甚至是相互冲突和对立的。为解决这些问题，使法律规则的结构更加紧密，在适用上更为灵活和更具有包容性，立法者开始使用较为模糊的概念，如“诚实信用”“公序良俗”“罪刑法定”“信赖保护”等原则性的表述，以弥补法律规则的不足。此外，在立法技术上进一步引进了法律原则的概念。在现代法律制度中，法律原则已成为法律体系中不可或缺的一项重要制度和规范，在立法、执法、司法和守法的实践中也日益显现出其举足轻重的地位，甚至在立法之初必须确定基本的法律原则才能保证整个立法的统一性和协调性。

法律原则与道德规范之间的关系十分紧密。一方面，法律原则是道德规范的法律体现，法律本身是内含着一定的道德价值和标准的。法律原则使道德规范获得了法律承认的形式，使其从自觉遵守的观念范畴提升至必须遵守的行为范畴，使道德规范具有法律的强制性和国家意志性。如民法中的诚实信用原则首先就是一个道德原则和规范。另一方面，法律原则是高位阶道德规范的体现。一般情况下，法律规范是最基本的道德规范的体现，它表明了人类社会在长期共同生活的实践中必要的行为自由和约束界限，一旦违反，将直接造成社会秩序和人际关系的混乱。而高位阶的道德规范更多的是对人们精神层面的规制，将它引入法律原则，是为了更好地发挥其在宏观上的导向作用和规范作用。因此，法律原则具有法律性和道德性两种属性，是社会发展的需要在法律上的体现。

二、法律原则的特征

法律原则的特征是法律原则区别于法律规则、法律概念等其他要素的个性所在。总的来说，法律原则具有如下特征。

（一）概括性

与法律规则相比，法律原则比较宏观，其内容的明确化程度较低。它不预先设定任何确定的、具体的事实状态，没有规定具体的权利义务，也没有规定明确的法律后果，一般情况下不能直接作为裁决纠纷的依据。但对于法律体系本身而言，法律原则却是具体规则和概念赖以存在的基础和指导，是核心法律价值的集中体现，最能体现一部法的本质追求和价值取向，因而其对整部法律都具有统率和协调作用。法律原则的概括性特征使其缺乏实际的可操作性，在实践中的运作主要表现为具体法律规则对其精神的贯彻和落实，以及在执法、司法中行政官员和法官对其精神的理解和把握等。法律原则的概括性特征也使法律原则具有广泛的适用性，它可以不局限于某一具体的领域，也可以不受是否有明确的法律规则规定的限制和影响。因此，法律原则在法律体系中的引入，在很大程度上解决了法律规则的不周延性和自相矛盾的问题，也在一定程度上缓解了法律滞后于社会生活的问题。

（二）稳定性

在法的诸要素中，由于法律原则最直接地体现了法的本质，集中反映了一定时期的社会利益和法律调控目标，因此具有较强的稳定性。例如，《中华人民共和国对外贸易法》第四条规定：“国家实行统一的对外贸易制度，鼓励发展对外贸易，维护公平、自由的对外贸易秩序。”第五条规定：“中华人民共和国根据平等互利的原则，促进和发展同其他国家和地区的贸易关系……”这两条规定的原则表明，国家在对外贸易中将长期采取鼓励和促进的发展政策，这与我国对外开放的改革目标是一致的，在实践中将会得到贯彻和坚持。除非遭遇重大社会变迁和动乱，一般不会有根本性的改变。又如，依法行政原则体现了法律对政府的基本要求和基本控制，防止政府权力的违法和滥用，避免侵犯公民权利，也体现了对公民权利的保护，这种限制与保护在更深的层面体现了法的核心价值。

社会生活的复杂性使立法者不可能完全预测到社会发展的趋势和各种可能，

因此，随着社会的发展，法律也将适时地进行修改和变革。然而，法律过分频繁地修改会损害法律的权威性，也会削弱民众守法的习性和对法律的信仰，进而影响社会的安定，因此，即使是法律规则也不宜进行频繁的修改。但无论法律条文如何变化和修改，只要法律原则不变，也就意味着这部法的本质和基本精神不变，人们对法的总体趋势的预期都不会发生改变，那么，在某些具体制度和规范的废除与修改不可避免的情况下，法律原则就成了维系法的稳定性和权威性的最重要的因素。

（三）指导性

法律原则更能体现法的本质和核心价值，其对法的创制和适用具有指导作用，决定了法律规范的废除和修改的方向。法律原则的指导性体现在以下两个方面：一是宏观上的指导性。即一个国家的整体法律制度或法律体系围绕着具有最高效力的法律原则予以构建，以及低位阶法律以高位阶法律的原则为指导进行创新。前者如我国宪法中规定的法律面前人人平等的原则、保护公民合法的私有财产所有权的原则等，在所有的法律中都必须得到遵循；后者如民法中的自愿、公平、诚实信用的原则在民商事法律中也必须得到贯彻和执行。二是微观上的指导性。即在一个具体的部门法中，会有与其特点相匹配的法律原则，如民法中的诚实信用原则、行政法中的合理行政原则和信赖保护原则等，它们在其部门法领域具有普遍的指导作用，所有的法律规则都必须围绕和服从该法律原则，不得与该法律原则的精神相抵触。

三、法律原则的分类

依据不同的标准，法律原则可作如下分类。

（一）根据产生依据分类

根据产生依据的不同，法律原则可分为政策性原则和公理性原则。

政策性原则是国家关于必须达到的目的或目标，或实现某一时期、某一方面的任务而作出的政治决策的法律表达，通常与该国的政治、经济、文化、国防等发展目标、战略措施等紧密相连，是它们的法治化体现。例如，《中国人民共和国宪法》第二十五条的规定“国家推行计划生育，使人口的增长同经济和社会发展计划相适应”，就是一项政策性的原则。

公理性原则是从社会关系的本质中产生出来的，得到社会的广泛承认并奉为法理的公理。因而公理性原则可以超越不同的政治制度和社会制度得到普遍认可，是严格意义上的法律原则。如刑法中的罪刑法定原则，行政法中的依法行政原则，民法中的自愿原则、公平原则、诚实信用原则、公序良俗原则，诉讼法中的当事人诉讼地位平等原则、人民法院依法独立行使审判权原则，国际法中的和平共处五项原则，等等。

（二）根据调整范围分类

根据调整范围的不同，法律原则可分为基本原则和具体原则。

基本原则是法律对各种社会关系进行调整时所依据的最基本的准则。它体现了一国法律最基本、最核心的精神价值，是整个法律活动的指导思想和出发点，决定着法的统一性和稳定性，如“法律面前人人平等”的原则即属于法律基本原则。

具体原则是法律对某一领域的社会关系进行调整时所依据的准则。具体原则依其所属法律位阶的不同而表现出不同的层次性，因而具有相对性。

（三）根据内容分类

根据内容的不同，法律原则可分为实体性原则和程序性原则。

实体性原则是调整实体法上的权利义务关系、职权职责关系所必须遵循的原则，如刑法上的罪刑法定原则、罪责刑相适应原则，民法上的契约自由原则，行政法上的依法行政原则等。

程序性原则是在调整程序法上的权利义务关系并为实体法服务时所必须遵循的法律原则，如诉讼法上的回避原则、司法独立原则、当事人诉讼权利平等原则，宪法上的正当程序原则等。当然，程序性原则要服务于实体性原则，但作为公平正义的一个重要组成部分，程序性原则仍有其独立的功能和价值。

四、法律原则的功能

（一）在法律创制过程中的功能

1.法律原则是法律创制的指导性原则

立法者在制定法律之前，往往会形成制定该法的总的指导思想和指导原则，然后根据这些思路设计出具体法律的大致框架，进而拟定详细而明确的权利义务规则。这些总的指导思想和指导原则以法律的形式固定下来以后就成为法律原则。它是整部法律的核心和实质所在，也是我们从整体上认识法律的前提和出发点。没有对法律原则的把握，往往会使法律的制定缺乏明确统一的目标，立法工作就会出现无序化甚至相互矛盾和不协调的现象。因此，从立法逻辑上来说，必须先有法律原则，而后才会有具体的法律规则，原则指导规则，规则体现原则。

2.法律原则是法律制度内部协调统一的重要保障

任何一个成熟的法律制度都包含着众多的法律部门和法律规则要素。这些法律部门及其所含的规则要素涉及的领域、目的和调整机制都有差异，而法律部门及其规则之间的渗透和交叉使问题进一步复杂化。尤其是在现代社会，法律调整内容的日益细化和专业化不断催生新的部门法律分支，扩张后的法律体系不仅使法律规则的数量增加，而且使立法职能产生分化。各级、各类不同的国家机关出于不同的管理需要制定的法律规则之间，时常会出现矛盾和冲突的情况。因而，如何保障法律自身的协调统一便成为一个突出的问题。这里包含两个方面的内容：一是不同法律部门之间的协调问题；二是同一部门体系内法律规则之间的协调问题。解决问题的关键在于确立一定的原则和标准：不同法律部门之间除遵循上位法优于下位法的原则外，还必须根据位阶的不同区分基本原则和具体原则，使具体原则服从于基本原则，并使以具体原则为指导的法律规范整体不违背基本原则所确立的法律精神。同一部门体系内的法律规则也必须遵循共同的法律原则，使整部法律在价值取向上体现一致性。由此可见，法律原则在防止和消除法律制度内部矛盾和增强法制的统一性方面，发挥了独特的优势。

3.法律原则是法律改革的先导

由于法律原则是法律价值和精神的体现，其对法律规则的指导作用具有强制性，因此，一旦法律的基本原则发生变化或被赋予了新的含义，将会导致整个法律体系或规则产生实质性的变化。理论是改革的先导，这在实践中主要表现为，每一次改革浪潮的掀起，都是首先在指导思想和理论上有所突破，继而在实践层面上得以全面铺开。这种法律理念上的转变，直接导致了规则层面权利义务分配的变动和调整，从而使人们的行为方式和生存方式发生了深刻的变化。法律原则的变化，直接凸显出改革和发展的内在要求。故法律的重大变革往往是从法律原则的变革开始的。

（二）在法律适用过程中的功能

1.法律原则是进行法律解释和推理的基础

法律条文本身会存在一定的局限性。这些局限性表现在以下几个方面。

（1）不合目的性。即法律的普遍性特征使法律只注意其适用对象的一般性而忽视其特殊性，从而有可能导致法律适用于个案时的不公平。如同样是犯罪，因行善而犯罪与因个人享乐而犯罪，在恶性程度上和制裁轻重上就存在差别，但在具体法律条文上未必能够找到对应条款，因此法官就需要根据法律原则的指导进行公正裁量。

（2）不周延性。即立法者的认识活动受到认识规律和客观事物的制约，从而导致立法对社会生活涵盖面的不足，对立法缺位但又必须纳入法律调整范围时，就需要通过法律解释指导司法，弥补司法裁决的局限。

（3）模糊性。即当立法者用有限的语言去描述无限丰富的社会现象时，就有可能造成法律概念和法律规则的多义和歧义，需要根据法律原则进行适当的解释和推理。

（4）滞后性。即法律的稳定性与社会生活的变动不居的矛盾使法律或多或少地存在与社会生活脱节的现象。

上述的局限性足以造成我们适用和理解法律的困难。此时，就需要我们运用法律原则作为衡量和评判的标准，在诸多可能的解释和推理中找出最符合法律精神和价值的一种，降低法律适用中的不确定性和不合目的性。

2.法律原则是补充法律漏洞的依据

由于法律本身存在的局限性，使法律漏洞在世界各国成为一种不可避免的现象。法律漏洞的含义并不仅限于法无明文规定的情况，还包括法律对某类社会现象的调整过时或法律本身的规定不合目的性。也就是说，只要现行法欠缺当前事态所必要的法律规则，就被视为存在漏洞。在这种情况下，法官不能以缺乏法律规定为由拒绝对当事人之间的争议作出裁决，或运用不合目的性的法律规定作出明显不合理的裁决结果。

法官应当寻求法律原则的理论支持，从中推导出派生的法律规范，以此来否定或证明某种法律行为和法律关系。因而在某种程度上，法律原则意味着承认司法活动的创造性与能动性，是对法官自由裁量权的授予。

3.法律原则是对法官自由裁量权限制的依据

法律原则在授予法官自由裁量权的同时，也为该权力的行使划定了一个大致的边界，即不得超越法律原则所确定的价值内涵。自由裁量权是必需的，但不加限制的自由裁量权也容易导致法官的专权擅断，不仅会使法律丧失确定性、可预测性，而且会使法治再次“质变”为人治。即使是在判例法国家，法官也要受到“先例”的约束。先例的含义不仅是指诸多类似案例所总结出来的一般规则和原理，更重要的是该类案例所体现出的价值选择原则：应保护哪一方当事人的利益？为什么保护？它的社会机理是什么？等等。可见，自由裁量权是评断是非的“双刃剑”，但法律原则却是使之趋利避害的价值尺度。

（三）在守法过程中的功能

知法是守法的前提和基础。然而，对于大多数的普通公民甚至法律人来说，他们不可能对所有的法律规范都有所认知，但对法律原则的知悉，却是他们领悟整部法律精神的重要途径和捷径。因为规则对原则的遵从，使得在一般情况下依据法律原则的行为，符合了法律规则的要求，从而等于遵守了法律规定；反之，即违法。如诚实信用原则的基本含义是要求当事人在行使权利和履行义务时，应兼顾对方当事人利益和社会一般利益，使自己的行为符合诚实的标准，即在不损害他人利益和社会利益的前提下追求自己的利益。凡行使权利或履行义务有悖于诚实信用原则的，应构成违法。有了对法律原则的一般认识，就有了守法的心理基础，对法律原则基本价值的认同，是大众对于法律制度信赖与尊重的支撑所在。

第三章　民商事法学

第一节　民商事法学概述

民商事法学，作为法学体系中的重要分支，涵盖了民事和商事法律规范的研究。它不仅是调整市场经济中各类交易行为和法律关系的关键学科，也是保障公民个人权益和促进企业健康发展的基石。下面旨在探讨民商事法学的基本概念、在现代法律体系中的地位及其重要作用。

一、民商事法学的基本概念

民商事法学是研究民事和商事关系的法律规范的科学，其核心内容包括民法和商法两大部分。

民法主要调整平等主体的自然人、法人和非法人组织之间的人身关系和财产关系，旨在保护民事主体的合法权益，维护社会和经济秩序。它涉及婚姻家庭、继承、财产权益等多个方面，通过确立基本的民事法律制度和原则，为公民个人和社会提供了稳定的行为规范。

商法则是调整商业活动中的法律规范，主要关注商事合同、公司法、商标专利等商事行为。商法旨在维护市场秩序，促进经济发展，通过调整商事主体之间的法律关系，保障商业活动的顺利进行。商法与民法在调整对象、法律原则和制度设计等方面存在差异，但二者相辅相成，共同构成了民商事法学的完整体系。

二、民商事法学在现代法律体系中的地位

在现代法律体系中，民商事法学占据举足轻重的地位。

首先，民法作为私法的重要组成部分，与其他私法学科并列，共同构成了保护公民个人权益和家庭利益的法律屏障。商法作为特殊法的范畴，与其他特殊法学科（如劳动法、环境法等）类似，专注于商业领域的法律调整，为市场经济的

健康发展提供了有力的法律保障。

其次，民商事法学在法律实践中具有广泛的应用价值。无论是律师事务所的民商案件代理，还是企事业单位的法务部门工作，都离不开民商事法学的理论支撑和实践指导。民商事法学为法律从业者提供了丰富的法律知识和分析工具，帮助他们更好地理解和应对复杂多变的法律问题。

三、民商事法学的作用

（一）保护民事主体的合法权益

民法作为保护公民个人权益和家庭利益的主要法律学科，通过确立基本的民事法律制度和原则，为民事主体提供了全面的法律保护。无论是生命权、健康权，还是财产权等民事权利，都受到了民法的严格保护。

（二）维护社会和经济秩序

民法通过调整平等主体之间的人身关系和财产关系，维护了社会和经济秩序的稳定。它要求民事主体在从事民事活动时遵循公平、自愿、诚实信用的原则，以维护社会公正和市场秩序的良好运行。

（三）确认商事主体性，推动商业公平竞争

商法通过确认商事主体的法律地位，明确其权利和义务，为商业活动的顺利开展提供了法律基础。同时，商法通过调整商事主体之间的法律关系，保障商业竞争的公平性和合法性，促进了市场经济的健康发展。

（四）促进经济发展

商法作为调整商业活动的法律规范，通过优化商事法律环境，降低商业交易成本，提高商业效率，为经济发展提供了有力支持。商法鼓励创新和竞争，保护知识产权，为企业的成长和壮大提供了法律保障。

四、民商事法学的基本原则

主要包括民法的基本原则和商法的基本原则。

（一）民法的基本原则

民法学作为法律体系中的重要组成部分，旨在调整平等主体之间的财产关系和人身关系。其基本原则贯穿民法的各个方面，是民法规范的核心和灵魂。下面将从平等原则、自愿原则、公平原则、诚信原则及禁止权利滥用原则五个方面进行探讨。

1.平等原则

平等原则是民法的基本原则之一，指当事人在民事活动中的法律地位一律平等，不受任何身份、地位、财产等因素的影响。这一原则体现了民法所调整的社会关系的本质特征，即民事主体之间的平等性。平等原则不仅要求形式上的平等，更要求实质上的平等，包括人格平等、机会平等和同等情况下的同等对待。

在法律关系中，平等原则体现在以下几个方面。

（1）法律地位平等。民事主体在民事活动中享有平等的法律人格，互不隶属，不受他人意志的支配。

（2）权利义务平等。民事主体在民事活动中所享有的权利和承担的义务应当是平等的，没有高低之分。

（3）平等保护。法律对民事主体的合法权益给予平等的保护，不因身份、地位、财产等因素而有所区别。

例如，在商品交换中，买卖双方以平等的所有者或管理者的身份出现，按照等价有偿原则进行交易，体现了平等原则在商品经济关系中的具体适用。

2.自愿原则

自愿原则，又称意思自治原则，指民事主体在从事民事活动时，有权在法律允许的范围内自由表达自己的意愿，并按其意愿设立、变更、终止民事法律关系。这一原则体现了对民事主体意志自由的尊重和保护。

在法律关系中，自愿原则体现在以下几个方面。

（1）自主决定。民事主体有权自主决定是否参加民事活动以及如何参加民事活动，包括选择相对人、内容、行为方式等。

（2）平等协商。民事主体在从事民事活动时，应当通过平等协商的方式确定双方的权利义务关系，达成合意。

（3）尊重意愿。民事主体在设立、变更、终止民事法律关系时，应当尊重对方的意愿，不得强迫或干涉。

例如，在合同订立过程中，双方当事人通过平等协商达成合意，体现了自愿原则在合同法律关系中的具体适用。

3.公平原则

公平原则要求民事主体在从事民事活动时，应当本着公平的观念合理地确定权利义务关系，并正当地行使权利、履行义务。这一原则体现了对民事活动中各方当事人利益的平衡和协调。

在法律关系中，公平原则体现在以下几个方面。

（1）权利义务对等。民事主体在享有权利的同时，应当履行相应的义务，权利义务应当对等。

（2）合理确定。民事主体在从事民事活动时，应当合理地确定双方的权利义务关系，避免显失公平。

（3）司法公正。司法机关在审理民事案件时，应当做到公平合理，在法律无明确规定时，应当依据公平原则进行裁判。

例如，在民事审判中，如果一方当事人利用自己的优势地位迫使对方接受不公平的条件，法院可以依据公平原则对合同进行变更或撤销。

4.诚信原则

诚信原则，又称诚实信用原则，要求民事主体在从事民事活动时，应当秉持诚实、恪守承诺，以善意的方式行使权利和履行义务。这一原则体现了市场经济活动中的道德准则，是民法中的“帝王条款”。

在法律关系中，诚信原则体现在以下几个方面。

（1）诚实不欺。民事主体在行使权利、履行义务时，应当保持诚实不欺的态度，不隐瞒真相、不弄虚作假。

（2）信守承诺。民事主体应当信守自己的承诺，严格按照法律规定和当事人的约定履行义务。

（3）利益均衡。在处理当事人之间的利益关系时，诚信原则要求各方以对待自己事务的注意来对待他方的事务，实现利益的均衡。

例如，在合同履行过程中，如果一方当事人违反诚信原则，擅自毁约或拒不履行义务，将承担违约责任并赔偿对方因此遭受的损失。

5.禁止权利滥用原则

禁止权利滥用原则要求民事主体在行使民事权利时，不得超过正当的界限，不得损害他人或社会公共利益。这一原则是对民事权利行使的一种必要限制，体现了对民事活动中公平正义的追求。

在法律关系中，禁止权利滥用原则体现在以下几个方面。

（1）权利行使的正当性。民事主体在行使权利时，应当遵守法律和社会公德的要求，不得滥用权力。

（2）损害他人利益。如果民事权利的行使损害了他人的合法权益或社会公共利益，将构成权利滥用并承担相应的法律责任。

（3）司法裁判的考量。司法机关在审理民事案件时，应当考虑当事人行使权利是否构成权利滥用，并据此作出相应的裁判。

例如，在相邻关系中，如果一方当事人滥用其不动产权利，对相邻方造成妨害或损失的，相邻方有权请求其停止侵害、排除妨害或赔偿损失。

（二）商法的基本原则

商法作为调整商事交易主体行为的法律规范，其基本原则在规范商业行为、保护商业利益、维护市场秩序等方面发挥着至关重要的作用。下面将详细探讨商法的五大基本原则：效益原则、公平交易原则、主体法定原则、维护交易安全原则和创业自由原则，并分析这些原则的内涵及其在法律关系中的体现与适用。

1.效益原则

效益原则是指商事活动应当以效率为先，以最小的成本获得最大的收益。这一原则强调商事主体在从事商业活动时，应注重经济效益，通过合理的经营和管理，提高企业的盈利水平。效益原则不仅是商法的基本原则，也是现代商业活动的重要目标。

在法律关系中，效益原则主要体现在对商业交易的效率和公平性的考量上。

例如，在合同纠纷案件中，法院会考虑合同履行的效率和当事人的利益平衡，以维护商业活动的正常进行。此外，在商事审判中，法院还会关注企业间的借贷行为，对不具备从事金融业务资质但进行放贷业务的企业，认定其借款合同无效，以维护金融市场的稳定和效率。

2.公平交易原则

公平交易原则是商法的基本原则之一，它源于民法又有所发展。公平交易原则要求商业交易双方在平等、自愿的基础上进行交易，不得利用自己的优势地位或信息不对称损害对方的利益。这一原则体现了市场经济的公平竞争精神，是保障交易双方权益的重要基础。

在法律关系中，公平交易原则的应用较为广泛。例如，在合同纠纷案件中，法院会依据公平交易原则对交易行为进行评判，以保障交易的公平性和合法性。此外，在涉及不正当竞争行为的案件中，法院也会依据公平交易原则对违法行为进行制裁，以维护市场的公平竞争秩序。

3.主体法定原则

主体法定原则是指商事主体的创设、维持及解散需严格遵守法定条件和程序。这一原则要求商事主体的类型、资格和程序等必须由法律明确规定，任何组织或个人不得随意创设和变更商事主体。主体法定原则体现了国家对商事活动的干预和管理，是维护市场秩序和保障交易安全的重要手段。

在法律关系中，主体法定原则的应用主要体现在对商事主体资格的审查和确认上。例如，在公司设立纠纷案件中，法院会依据相关法律法规对公司设立的程序和条件进行审查，以确保公司的合法性和有效性。此外，在商事登记制度中，企业也需遵守法定程序，及时办理相关手续，以确保其合法性和稳定性。

4.维护交易安全原则

维护交易安全原则是商法的基本原则之一，它强调诚实信用、公示主义、外观主义、行为独立以及严格责任，并建立风险分散机制。这一原则要求商事主体在交易过程中保持诚实信用，及时公开相关信息，确保交易的安全和稳定。

在法律关系中，维护交易安全原则的应用体现在对交易行为的真实性和合法性的审查上。例如，在合同纠纷案件中，法院会依据维护交易安全原则对合同的真实性和合法性进行审查，以防止欺诈、虚假陈述等不当行为的发生。此外，在担保物权实现案件中，法院也会对担保物权的实现条件进行审查，以确保交易的安全和稳定。

5.创业自由原则

创业自由原则是商法的基本原则之一，它鼓励商事主体自由创业、自由竞争。这一原则要求政府提供良好的营商环境，鼓励企业创新创业，推动经济的发展。创业自由原则体现了市场经济的活力与创造力，是激发市场潜力、促进经济发展的重要动力。

在法律关系中，创业自由原则的应用体现在对商事主体创业行为的支持和保护上。例如，在涉及创业投资纠纷的案件中，法院会依据创业自由原则对投资行为的合法性和合理性进行评判，以维护商事主体的创业自由和合法权益。此外，政府也会通过制定相关政策措施，如提供税收优惠、降低创业门槛等，来支持企业创新创业活动。

五、民商事法学的核心内容

（一）民事法律关系

1.民事法律关系的概念

民事法律关系是指由民法调整平等主体之间的财产关系与人身关系所形成的社会关系。其核心在于平等主体之间的自愿设立，主要调整的是财产关系，同时也包括人身关系。民事法律关系是法律规范在调整人们行为过程中形成的权利义务关系，旨在维护社会和谐、公平与公正。

2.民事法律关系的特征

（1）平等性。民事法律关系的主体在法律地位上是平等的，不存在上下级或管理与被管理的关系。

（2）自愿性。民事法律关系的设立、变更和终止，一般基于当事人的自愿意思表示。

（3）财产性。虽然民事法律关系也涉及人身关系，但主要调整的是财产关系，如物权、债权等。

（4）权利与义务的对等性。民事法律关系中的权利和义务是相互对应的，一方享有权利，则另一方必然承担相应义务。

（5）补偿性和财产性保障措施。当民事法律关系受到侵害时，法律提供的救济措施往往具有补偿性和财产性。

3.民事法律关系的分类

民事法律关系可以根据不同标准进行分类。

（1）根据是否直接具有财产利益的内容，分为财产法律关系和人身法律关系。

（2）根据义务主体的范围，分为绝对法律关系和相对法律关系。

（3）根据内容的复杂程度，分为单一民事法律关系和复合民事法律关系。

（4）根据形成和实现的特点，分为权利性民事法律关系和保护性民事法律关系。

（二）商事法律关系

1.商事法律关系的概念

商事法律关系是指商事主体基于商事行为而产生的权利义务关系。它是民事法律关系的一种特殊形式，主要调整商事活动中的各种关系，包括商事组织关系和商事交易关系。

2.商事法律关系的特点

（1）商事主体特定性。商事法律关系的主体至少有一方是商事营业体，即商人。

（2）营利性。商事法律关系的内容——商事权利和商事义务，均具有营利的性质。

（3）商行为作为客体。商事法律关系的客体仅限于商行为，其行为标的是具有商品属性的有形体或无形体的商品。

（4）法律规范特殊性。商事法律关系受商事法律规范的调整，具有不同于一般民事法律关系的特殊规则。

3.商事法律关系的类型

（1）商事财产法律关系。包括内部商事财产经营法律关系（如合伙经营法律关系、投资股份法律关系）和外部财产交易法律关系（如商事买卖合同法律关系、股票交易法律关系）。

（2）商事人身法律关系。虽然商事法律关系主要调整财产关系，但也涉及商事主体的人身权利，如商号权、商誉权等。

（三）民商事法律行为的效力

1.民商事法律行为的效力的概念与分类

民商事法律行为的效力是指民商事法律行为在法律上所产生的效果和约束力。根据法律效力的不同，民商事法律行为可分为以下几类。

（1）有效民商事法律行为。满足行为人具有相应的民事行为能力、意思表示真实、不违反法律、行政法规的强制性规定且不违背公序良俗等条件的法律行为。

（2）效力待定的民商事法律行为。合同成立后，其效力尚未确定，需等待法定或约定的条件成就后才能确定其有效或无效。

（3）可撤销的民商事法律行为。虽然法律行为在成立时有效，但因存在可撤销的事由（如欺诈、胁迫、重大误解等），当事人有权请求法院或仲裁机构予以撤销，撤销后法律行为自始无效。

（4）无效的民商事法律行为。因欠缺民商事法律行为的有效要件而自始不发生法律效力的法律行为。

2.影响民商事法律行为效力的因素及效力瑕疵的救济途径

（1）影响因素。

①行为人的民事行为能力。无民事行为能力人或限制民事行为能力人实施的

法律行为，其效力可能受到影响。

②意思表示的真实性。意思表示不真实（如欺诈、胁迫、乘人之危等）的法律行为，其效力可能受到质疑。

③法律、行政法规的强制性规定。违反法律、行政法规强制性规定的法律行为无效。

④公序良俗。违背公序良俗的法律行为同样无效。

（2）效力瑕疵的救济途径。

①追认。对于效力待定的民事法律行为，法定代理人或有权人可以通过追认使其有效。

②撤销。对于可撤销的民事法律行为，当事人可以在法定期限内请求法院或仲裁机构予以撤销。

③确认无效。对于无效的民事法律行为，当事人或利害关系人可以向法院提起诉讼，请求确认其无效。

④赔偿损失。因无效或可撤销的法律行为给对方造成损失的，行为人应承担赔偿责任。

第二节　民商事典型案例的实践指导价值

在中华法系发展的历史长河中，司法案例具有重要地位和独特价值，通过研究典型案例，传承中华法系司法文明，汲取营养，择善而用，是弘扬中华民族优秀法律传统、坚定不移走中国特色社会主义法治道路的必然要求。2010年11月26日，最高人民法院发布《关于案例指导工作的规定》，以规范性文件形式正式确立了中国特色案例指导制度。2018年10月26日，全国人大常委会通过修订的《中华人民共和国人民法院组织法》，在法律层面明确规定，最高人民法院可以对工作中具体应用法律的问题发布指导性案例。可以说，在我国成文法背景下，建立案例指导制度是一项社会主义法律体系形成之后的重要司法制度创新。近年来，随着我国社会主义法治建设的不断深入，人民法院审判领域不断拓宽，审判工作难度不断增大，案例指导工作的作用日益突出，通过案例来指导审判、执行工作，受到社会的广泛关注。下面仅以笔者办理的典型民商事案件和在社会上形成较大影响的其他案件为例，对民商事典型案例的实践指导价值作一简要分析。

一、突破司法疑难问题，服务经济社会最新发展

秩序所需要的稳定性使得法律不可能随着社会的需求发生及时的改变，如果将法律的制定、修改都寄托在立法者身上，必然会出现滞后，因为立法者不可能站在一线最先感受社会变化。在这种情况下，解决问题的抓手之一就是案例指导制度。通说认为，案例指导制度是对制定法的弥补，是在制定法缺失或者制定法不明确、有争议的情况下，通过确立案例的方式，来解决社会生活和司法实践中遇到的必须由司法来解决的问题，并为以后的类似案件审理提供指导性依据。在我国，能够纳入指导案例范畴的案例一般包括最高人民法院发布的指导性案例、《最高人民法院公报》案例、其他典型案例等。现代各国的司法实践表明，法官司法是一项具有创造性的活动，而不只是法律的“自动售货机”。立法享有优先权，但立法所遗留的空白，司法也有权予以填补。面对我国经济社会的快速发展，面对司法实践中不断涌现的或新型或疑难问题，案例指导制度在强化理念、明晰规则、统一标准等诸多方面都责无旁贷，可以大有作为。

在民商事审判实践中，缔约过失责任的承担一直是广为争议的话题。理论上认为，缔约过失责任是指在合同订立过程中，一方因违背其依据诚实信用原则所产生的义务，致另一方信赖利益受损而应承担的责任。而信赖利益如何界定，就是立法留给司法去解决的问题。现实中就出现了当事人因信赖缔约可能而丧失其他交易机会的纠纷。在我国，虽然可称得上已经建立了初步的缔约过失理论体系，但仍有一些理论问题需要探讨、厘定和澄清，诸如缔约过失之赔偿责任的归责事由、缔约过失的类型或适用范围、缔约过失的法律效果等。其中，尤其在两个方面争议较大，一是缔约过失的赔偿范围，有的认为赔偿范围应以履行利益作为确定的标准，也有的认为仅以信赖利益为限；有的认为只能赔偿直接损失，也有的认为还应包括可得利益损失，等等。二是缔约机会丧失本身会构成损害，但缔约机会损失是否具有可赔偿性，是存在争议的，这既是因为缔约机会所形成的利益难以确定，也因为允许赔偿缔约机会损失可能会造成赔偿范围过大的问题。

在深圳市标榜投资发展有限公司（以下简称标榜公司）与鞍山市财政局股权转让纠纷案中，最高人民法院判决鞍山市财政局对标榜公司交易机会损失承担赔偿责任。该案的争议焦点之一是交易机会丧失所造成的损失是否属于缔约过失责任的赔偿范围。交易机会属于非常抽象而模糊的概念，因交易机会丧失而造成

的损失更加难以界定，此类问题不仅复杂，而且疑难。最高人民法院在该案判决中，分3个层次对该问题进行说理论证（主要是法理和学理），即涉案交易机会实现的可能性有多大、交易机会丧失是否会造成损失、交易机会损失的赔偿数额如何确定。

最高人民法院认为，一般而言，在交易磋商阶段，合同是否能够订立以及合同订立所带来的交易机会能否最终实现均属未知，故此时交易机会尚不具有可能性。但如果双方已经达成合意并签订合同，双方的相互信赖水平已经达到更高程度，因信赖对方诚实守信地履行相关义务从而获取特定利益的机会也就具有相当的可能性。此时，如一方当事人不诚实守信履行合同报批等生效义务，则其应当预见对方因此而丧失交易机会。

该案不同于一般缔约过失的情形在于，涉案合同虽须经有权机关批准方才生效，但双方当事人已签订合同且标榜公司已支付全部履约保证金，在无证据证明不能获得有权机关批准的情况下，标榜公司有理由信赖，鞍山市财政局会恪守承诺，及时全面履行报批手续，使涉案合同效力得到确定，从而通过合同的履行实际取得涉案股权获取相关利益。因此，标榜公司获得涉案股权的可能性现实存在。但因鞍山市财政局拒不将合同报批，并在很短时间内将涉案股权另行高价出售，其不诚信行为直接导致标榜公司获得涉案股权的可能性完全丧失，标榜公司因此获得相关利益的现实性完全丧失。基于此，最高人民法院认为，标榜公司因鞍山市财政局的不诚信行为存在客观现实的交易机会损失。鞍山市财政局应在赔偿标榜公司直接损失的基础上，对标榜公司的间接损失（可得利益损失）承担适当赔偿责任，以使其为不诚信行为付出代价，从而有利于督促各类民事主体善良行事，恪守诚实信用，维护良好市场交易秩序。

确定鞍山市财政局应对标榜公司的交易机会丧失承担赔偿责任后，紧接着的难题就是对损失的数额如何认定。间接损失在实际案例中的表现形式各不相同，从立法的角度确定间接损失的范围与数额显然不可能，而且统一的规定及列举主义永远不能涵盖现实中不断涌现出的新的案件形式。该案中，最高人民法院虽然支持标榜公司对交易机会损失的主张，但是在数额认定上并没有支持该公司要求鞍山市财政局高价出售股权全部所得价差。因为该案的责任基础毕竟是缔约过失责任而不是违约责任，标榜公司支付的也只是履约保证金而不是全部股权转让款，且即使标榜公司实际取得涉案股权，因双方合同对股权再转让有期限限制的约定，约定期限届满之后，涉案股权价值是涨是跌，也尚不确定。再者，标榜公司虽然丧失购买涉案股权的交易机会，但并不妨碍其之后将资金另行投资其他项目获得收益。因此，关于标榜公司交易机会损失，最高人民法院酌定按鞍山市财政局转售涉案股权价差的10%予以确定。

缔约过程是当事人间由并无任何交易接触的陌生人关系向以有效合同为联结形式的密切信赖关系逐步发展的过程，在此过程中，当事人间需进行持续的利益交换，其密度和强度亦不断变化（趋势是由弱渐强），相应的法律调整需求也随之变化。只有在个案中，结合具体案情，才能对这种缔约过程中的信赖保护强度进行判定。也正是因为现实情况错综复杂、认定困难，才需要案例指导在个案中体现裁判的逻辑。指导性案件之所以能够成为待决案件的参照案件，是因为它解决了前人没有遇到或没有解决过的诉讼难题。通过开展案例指导工作，有组织、有意识地总结、积累和运用案例中的司法智慧，有助于解决疑难案件，便于公众监督，防止司法擅断和法官偏见，促进审判质量提升，缩短案件审理周期，节省司法成本，全面提高审判质效。

二、明晰法律规则边界，保障法律全面准确实施

法律适用要求法官在具体的法律事实出现后，通过将其归入相应的抽象法律事实，然后根据该法律规范关于抽象法律关系之规定，进而形成具体的法律关系和法律秩序。然而，法律用语的模糊性，给了法律适用者较大的法律解释甚至续造的空间，使得司法裁判保持一定的弹性，以便应对复杂的社会生活事实。然而，这也给法官明确规则、适用法律造成了困难。

“受业务水平和经验不足的制约，有些法官还难以运用科学的法律方法准确理解法律的立法原意。”因此，最高人民法院总结审判经验和其他有关审判工作的问题，选取典型案例，并以此作为指导人民法院在裁判案件中适用法律的尺度和界限。在这方面，案例指导制度有助于廓清法律规则内涵与外延边界，保障法律全面准确实施。

三、规范法律适用标准，维护司法统一和权威

社会公平正义作为一种价值判断，其理解不仅因时因地而变，而且因人而异。然而，“如果有一组案件所涉及的要点相同，那么各方当事人就会期望有同

样的决定”[①]。这就要求法官“在类似案件的裁判中遵守一致的司法哲学或法律精神，以达到普遍意义上的个案正义”[②]。这是实现法的确定性和可预测性要求的题中应有之义。但是，实践中难免存在不同层级的法院、不同地方的法官认识不统一的情况。按照惯例，对于认识不统一的问题，司法解释一般要采取放一放、搁置争议的形式，待将来认识明确、统一以后再予以规定，不会强行规定。然而，“司法实务中经常遇到一些疑难的商事纠纷案件，缺乏基本原则进行处理，常常陷于‘案不能决’及‘同案不同判’的困惑之中，损害了法治的统一性和司法权威”[③]。在认识不统一的情况下，法院在案例中初步设立标准，随着实践发展更新认识继而在审判中调整标准。抽象的法律规范通过案例反复不断地澄清，最终具体化、精致化。此时，案例指导制度在个案中的裁判说理就起到了统一法律适用标准的定纷止争作用。

以动产质押监管合同纠纷为例，在〔2016〕最高法民终650号案件中，债权人把钱借给债务人，债务人使用大宗动产质押，并引进监管公司，然后债权人、债务人、监管人三方签订动产质押监管合同，约定由监管人代替债权人接收、查验、清点、保管质押物。合同履行期限届满后，债务人没有清偿债务，债权人起诉债务人履行，并要求监管人承担连带责任，原因是质物不存在或只存在部分质物，导致质权没有设立，从而给债权人造成损失，监管人对此存在过错。此类案件判决债务人还款没有问题，但在监管人应承担何种责任上却存在很大分歧，有判决承担违约责任的，有判决承担侵权责任的，有判决承担全部责任的，有判决承担部分责任的，有判决承担连带责任的，有判决承担补充责任的，各地法院标准很不统一。由于“质押监管是中国近年来快速发展的由商业银行借助物流企业的服务能力而开发的新型的动产担保方式，目前（甚至）已经成为主流的商品融资担保模式”[④]，所以妥善审理解决好上述问题，对有效解决当事人争议，更好地提高人民法院司法能力水平至关重要。该案中，最高人民法院经审慎研究认为：第一，监管人承担责任的性质应是违约责任而不是侵权责任，因为其只是违反了与债权人之间的接收、查验、清点质物的合同约定，而不是对绝对

① [美]卡多佐.司法过程的性质[M].苏力，译.北京：商务印书馆，1998：18.

② 张婷婷.论指导性案例援引的经验主义逻辑[J].北方法学，2018，12（06）：15-23.

③ 蒋大兴.论民法典（民法总则）对商行为之调整——透视法观念、法技术与商行为之特殊性[J].比较法研究，2015（04）：1-23.

④ 高伟.物流企业质押监管业务的法律分析[J].中国海商法研究，2012，1（01）：44-51.

权的侵犯。该案监管人行为不同于侵权，更不是侵权与违约的竞合，因为竞合必须存在加害给付的情况，而该案不存在这种情况。第二，对于质权没有设立，监管人承担责任的份额应是按份责任而不是全部责任。因为是各方当事人过错的集合导致质权没有设立，而不是监管人单方过错。首先看债务人。该案质权没有设立，最主要的过错方是债务人。因为质物是质权成立的前提，没有质物质权自然无从设立。“在给付障碍是否归责于债务人以及以何种法律后果归责于债务人的问题上，许多规定都清楚地表明，这要看债务人是否应对给付障碍负责任。”[①]该案中债务人一个质物也没有移交，当然质权没有设立的主要过错在债务人。仅凭这一点，就可以否决让监管人对于质权没有设立负全部责任了。其次看债权人。按照商业银行法的有关规定，作为债权人银行有查验核对质物的法定义务。虽然该义务可以移转，但债权人还是要尽到对债权实现基本的注意义务。比如移交之前，至少要查看这个质物到底有没有。该案债权人没有履行这个义务，疏于对自己债权实现的管理，也存在过错。最后看监管人。该案监管人与债权人约定了其承担查验、清点、监管质物的义务，但其虽出具了形式上的收到质物书面文件，实际上却没有履行该义务，监管人的过错无疑存在。根据涉案三方对质权没有设立的过错程度，最高人民法院判决认定监管人至多承担30%的责任，也就是说，监管人应该按份责任而不是全部责任处理。第三，对于承担责任的方式问题，监管人承担的应是补充责任而不是连带责任。监管人承担30%的责任，并不是说与债务人并列承担连带责任，而是只有在债务人不能承担之后才让监管人承担。因为对于借款合同纠纷而言，其直接义务人是债务人或者担保人，他们都有全额清偿的义务，担保物监管人只是排位在债务人和担保人之后辅助实现债权的辅助义务人。监管人的监管行为不是提供了一种债权实现方式，只是对原有实现方式进行辅助而已。由于“负有连带义务的每个债务人，都负有清偿全部债务的义务”[②]，如果判定监管人承担连带责任，则会将其置于“直接义务人”的位置，而这显然不符合基本事实情况。所以在此类案件中，只有先把债务人财产穷尽完后，才能要求监管人承担责任。也就是说，“监管人承担的赔偿责任为第二

① [德]迪特尔·梅迪库斯.德国债法总论[M].杜景林，卢谌，译.北京：法律出版社，2004：235.

② 孙笑侠.法律人思维的二元论兼与苏力商榷[J].中外法学，2013，25（06）：1105-1136.

顺位的责任，即只有在债务人不能依约清偿债务时，监管人才承担补充赔偿责任”[①]。最终该案关于监管人责任的判决是，在穷尽执行债务人和担保人财产之后，仍不能实现部分由监管人承担30%的补充赔偿责任。

重视和加强司法案例工作，深入挖掘案例背后的法治意义与价值，是统一法律适用、加强审判指导、促进公正司法、实现国家治理体系和治理能力现代化的重要途径。上述案例在最高人民法院公报2017年第7期刊载后，为人民法院裁判同类案件提供了参照，对统一全国此类案件的法律适用产生了积极的影响。

四、衡平权利与利益冲突，维护社会公平正义

人民法院的司法工作必须把是否反映人民意志，是否维护和保障人民群众的合法权益，作为衡量和检验司法是否公正、高效、权威的最高标准。各个主体所享有的利益都应当受到法律的保护，这就不可避免地出现了利益之间的重叠与冲突，尤其是随着社会的发展，各种新型的利益也会产生，这些新型的利益与传统的利益类型之间也可能发生冲突。面对冲突，法律人如果“机械教条地理解法律，对概念作形式化理解，有时也会背离真理、违背正义”[②]。法官应当“基于法律历史考察、法律目的考量与价值判断、社会习惯或惯例考察、社会效用或社会利益衡量、社会公共政策或公平正义价值，对个别案件平衡公正，实现个别公平”[③]。如此，“司法通过个案司法判决对立法内涵进行不断转换，保障了法律紧跟社会变迁的步伐，满足了社会公众对于稳定的规范性预期的诉求”[④]。

法治的本质是“良法善治”，良法应当反映最广大人民群众的意志和利益，符合公平正义要求，反映社会的发展规律，维护和保障公民的基本权利。法治作为法律的一种品德或优点，它要求法律在实质上能保障人权和实现法律之正义。人民法院对该案的判决不仅做到了实质的司法正义，也体现了我国司法实践对人权的关怀和保障。同时，通过案例指导制度，“以现实中的变迁社会结构为基

① 孙超，景光强.动产质押中监管人的义务及责任[J].人民司法，2014（10）：78-82+1.

② 孙笑侠.法律人思维的二元论兼与苏力商榷[J].中外法学，2013，25（06）：1105-1136.

③ 王洪.制定法框架下的判决论证模式[J].比较法研究，2019（02）：143-161.

④ 陆宇峰.走向“社会司法化”——一个“自创生”系统论的视角[J].华东政法大学学报，2012（03）：3-13.

石，逐步建构起一些可以把复杂情境加以简单化的利益衡量类型”，[①]我们亦可以将相应的裁判规则明晰强化，复制推广。

五、明确司法价值导向，弘扬社会主义核心价值观

任何法律制度，都需要在实践中反复修修补补，才能不断完善，甚至本来已经比较完美的制度，也会因为历史的变迁，而不断进行变更。随着时代的发展、精神追求的提高，人们越来越重视社会主义核心价值观，其对促进国家治理体系和治理能力现代化也发挥着越来越重要的作用。“司法需要通过抽象的规则来回应社会的实质正义的具体诉求，将形式法治与实质法治相结合，才能提升社会认同基础上的司法权威和司法公信力。”[②]最高人民法院通过遴选适用社会主义核心价值观的指导案例、典型案例，对推进社会主义核心价值观的司法适用发挥了重要作用。

案例指导制度“比之制定法、司法解释是第一时间接触到最新的社会问题，并迅速给出回应的机制”[③]。在社会上引起轩然大波的郑州电梯吸烟案中，杨某对段某在电梯内吸烟的行为进行劝阻，二人发生言语争执。双方被该小区物业公司的工作人员劝阻后，杨某离开，段某同物业公司工作人员一同进入物业公司办公室，随后段某突发疾病，猝然离世。段某家人提起诉讼，要求杨某承担侵权损害赔偿责任。一时间，整个社会似乎都屏住了呼吸，静静等待一份司法裁判的到来。

一切法律中最重要的法律，既不是刻在大理石上，也不是刻在铜表上，而是铭刻在公民的内心里。作为人类社会中的一分子，社会个体或组织必然需要遵守和维护这个社会历史形成的、约定俗成的或共同制定的伦理道德、法律规则、风俗习惯、乡规民约等。在公共场合普遍禁烟的大背景下，电梯内吸烟不仅违反社会的善良风俗，而且不符合法律规定，由此劝烟行为就是应当肯定和弘扬的。如果仅仅因为遇到了特殊体质的行为人，劝烟者就可能被无端追责，这显然超出了人们的通常预见。虽然法律有其专业性，但它的终极合法性来源于民众的认可，

① 杨力.民事疑案裁判的利益衡量[J].法学，2011（01）：50-60.

② 侯明明.转型时期中国社会的司法回应：原因、机理与控制[J].甘肃政法学院学报，2019（02）：53-73.

③ 邵六益.从效力到效率：案例指导制度研究进路反思[J].东方法学，2015（05）：105-113.

它不能脱离生活的常识、常理、常情。[①]司法裁判不仅要合法，也要合理，这就涉及实质价值或道德考量。“为使个案中正义得到实现，法官就得对成文法中的一般正义根据实际情况进行重新衡量，进行选择，以保障法律目的的实现。”该案二审法院另查明案发时劝烟者杨某情绪比较冷静、语言克制，没有侵害吸烟人段某的故意或过失。通过对案情的更细致挖掘，使得杨某无过错更加令人信服。杨某无责的判决使公序良俗原则得到更具体化呈现，社会反响良好。

法律虽然诉诸某一价值标准，但是确定其实施条件和实施后果则需要对之加以具体补充，然而这些标准并不是缺乏具体内容这般简单，它们包含了某一特定的法律原则。这一原则当然很难定义，但是可以通过一般认可的实例加以明确。民法中的公序良俗原则往往就是通过司法的践行来实现其立法意图。当然，人民法院在裁判过程中的说理过程越是清晰，论证越是翔实，就越是能对社会大众维护公德的行为起到明确的指引作用。人民法院通过郑州电梯劝阻吸烟案的裁判，弘扬善行义举，倡导美德美行，向全社会传递了正能量。

只有考虑裁决结果对于社会、政治价值的持续性、普遍性影响的裁决才是正当的。在《人民法院报》庆祝改革开放40周年所发布的21个典型案例中，有一个是“狼牙山五壮士”名誉权纠纷案。该案中，洪某在《炎黄春秋》杂志发表了《“狼牙山五壮士”的细节分歧》一文，通过援引不同来源、内容、时期的报刊资料等，对“狼牙山五壮士”事迹中的细节表示质疑。“狼牙山五壮士”中两位壮士的儿子诉至法院，请求判令洪某停止侵权、公开道歉、消除影响。洪某辩称其所发表的是学术文章，且不含侮辱性言辞，其行使的是宪法赋予公民的思想自由、学术自由、言论自由权利，任何人无权剥夺。人民法院终审判决认为，洪某质疑“狼牙山五壮士”英勇抗敌、舍生取义的基本事实，贬损、诋毁了“狼牙山五壮士”的人格评价，误导读者对这一英雄人物群体英勇抗敌事迹和舍生取义精神产生怀疑，通过否定基本事实的真实性，从而损害他们的英勇形象和精神价值。这种“学术研究”“言论自由”不可避免地会侵害“狼牙山五壮士”的名誉和荣誉，以及融入了这种名誉、荣誉的社会公共利益。法院判令洪某停止侵害。

“狼牙山五壮士”案中，法官实质上要在个人言论自由的权利与社会公共利益之间作一个价值的衡量。私法自治原则要求确认并保障民事主体的自由，它要

---

① 李拥军.合法律还是合情理：“掏鸟窝案”背后的司法冲突与调和[J].法学，2017（11）：39-51.

求“个人应享有相对于法律可能性和事实可能性的最高程度的自由来做他愿意做的任何事情”[①]。洪某依法享有言论自由，但是在法律上，一个行为是否属于言论自由的范畴，与其是否言论或表达基本无关，而是与其社会后果直接相关。如果会引发明显、即刻的重大伤害，哪怕是最典型、最常规的言论，也不应受言论自由的保护。法官在对冲突的利益进行抉择时，应肯定最值得保护的利益。有时法律所代表的利益或价值的重要性是可权衡的，哪种力量将起支配作用，在很大程度上取决于得以推进或损害的诸多社会利益的相对重要性或相对价值。尤其需要说明的是，通过案例指导制度，明确司法的价值导向，不仅可以维护社会主义核心价值观，弘扬社会主义核心价值观，还可以达到“相信群众、发动群众、依靠群众”，坚持群众路线，以人民群众自觉实施法治的蓬勃力量保证法治实施的高质量和好效果。

第三节　民商事法学的实践应用

一、民商事群体性纠纷的现状与挑战

随着市场经济的繁荣发展，民商事活动的结构与层次越发复杂，特别是在有价证券交易、商品及服务消费、航空船舶运输、固定资产投资等领域，由格式合同引发的民商事法律关系可能涉及成千上万名当事人。此类大规模平行争议，给传统的诉讼和仲裁机制带来了新的挑战。因此，民商事群体性纠纷集团仲裁解决机制的建构显得尤为重要，它不仅能够有效解决当前面临的困境，还能提高国家治理能力和维护社会和谐稳定。

在电子商务、房地产等多个领域，群体性纠纷频发。例如，在商品房买卖合同纠纷中，开发商因各种原因未能按期交房，导致众多业主集体维权。又如，共享单车押金退还问题，涉及成千上万名用户，一旦处理不当，极易引发群体性事件。这些纠纷的共同特点是涉及人数众多、利益诉求相似、争议金额较大，传统的仲裁和诉讼机制难以高效、经济地解决。

① 王轶.民法价值判断问题的实体性论证规则——以中国民法学的学术实践为背景[J].中国社会科学，2004（06）：104-116+206.

二、集团仲裁制度的优势

集团仲裁制度是指仲裁中一方或双方当事人人数众多时，通过选出一名或数名代表参加仲裁程序，其仲裁裁决对该集团全体成员均具有约束力的仲裁方式。相较传统的仲裁和诉讼，集团仲裁具有以下优势。

（1）经济性与效益性。对于有共同或相似诉求的当事人采取集中处理，减少了重复仲裁的可能性，降低了仲裁时间和成本。

（2）高效性。能够迅速解决大规模争议，避免案件积压，提高纠纷解决效率。

（3）公平性。确保每个当事人的合法权益得到平等保护，避免因人数众多而被忽视的情况。

三、民商事群体性纠纷集团仲裁解决机制的实践价值

为老百姓提供必要的救济渠道是法治社会的题中应有之义。多元纠纷解决机制作为国家治理体系的重要组成部分，已经成为中央统筹、党政主导、社会协同、多元治理、司法保障的全社会共同参与的重大系统工程，但目前存在缺乏法律支撑的困境，亟待国家层面的法律予以支持。构建具有中国特色的民商事群体性纠纷集团仲裁解决机制，是完善我国多元化纠纷解决机制的重要元素，能够积极回应人民群众呼声，更好地发挥仲裁捍卫当事人合法权益，弥补“诉源治理”仲裁短板，激发仲裁参与社会治理活力，努力提升仲裁制度外溢效力等多重利益诉求。

（一）提升国家治理能力

集团仲裁不仅是一种新型仲裁形式，更是一种社会治理机制的表现形式。随着社会经济的高速发展，我国民商事法律关系的结构与层次日益复杂，导致侵权形态呈现出多样性和复杂性，诸如产品责任、证券欺诈、交通事故、环境污染、不正当竞争等基于同一行为或事由，给众多当事人造成人身和财产损害的大规模侵权行为频发。由此引发的民商事群体性纠纷，呈现出案件多发性、地域广泛性、人数众多性、诉讼不便性等明显特征，使我国现有的诉讼和仲裁等纠纷解决机制面临前所未有的挑战。由于民商事群体性纠纷通常情况下累计损害数额较大，被告往往面临巨额惩罚性赔偿，增大了破产风险，为规避代表人诉讼，越来越多的经营者开始在格式合同中增加仲裁条款，与合同相对方约定发生争议通过

仲裁解决，因而排除了争议的诉讼解决方式的问题。但是，传统双边仲裁采取的是一对一的两造结构，争议所涉利害关系局限于双方当事人之间，当面对群体性纠纷时，传统双边仲裁就难以应对。加之民商事群体性争议所涉及的利益关系，不只是个人利益，还常常关乎社会公共利益，如果不能及时化解，必然形成隐性社会矛盾，给社会增加不稳定因素。

集团仲裁作为一种非诉讼争议解决方式，可通过潜在申请人的规模效应，给侵权行为人形成经济和名誉代价的威慑，从而引导其自觉建立社会信用，遵守法律和公共政策，增强环保意识，通过正当诚信的竞争，为消费者提供更加公平合理的消费环境。国际实践证明，集团仲裁给受仲裁条款限制无法寻求集团诉讼救济的“小额多数”当事人提供了有效的救济途径，对侵害客户权益的大公司产生了十分明显的威慑效果。构建具有中国特色的民商事群体性纠纷集团仲裁解决机制有助于预防和化解社会矛盾，维护社会稳定，提高国家治理能力。

（二）更好维护人民利益

积极化解民商事群体性纠纷，切实维护人民利益，是党和国家一直以来高度重视的问题。由于我国经济社会事业不断发展，民商事群体性纠纷呈现复杂多样性，亟须多元化纠纷解决机制的跟进。在基于格式合同引起的仲裁中，提供格式合同的一方因处于相对强势地位，难免会利用其优势地位控制仲裁程序，使接受格式合同的另一方当事人处于不利地位，由此可能造成合同双方在仲裁中的地位事实上不平等的问题，这就偏离了传统双边仲裁所遵循的双方当事人法律地位平等，即当事人享有平等控制仲裁程序权利的原则，给维护人民群众利益带来了新的挑战。

集团仲裁通过将人数众多、地域分散、势单力薄的个体申请人拟制成一个集团当事人，使之能与相对强大的被申请人“势均力敌”，抑制被申请人利用优势地位操纵仲裁的现象。同时，集团成员可通过内部筹集和分担仲裁费用，使仲裁申请人一方有机会获得更多的法律资源和更优质的法律代理服务，获取应得的索赔请求，以此可更好地实现民商事群体性纠纷当事人之间仲裁地位的实质平等，即集团仲裁的“两造平等”，更加公平地化解民商事群体性纠纷，更好地依法维护人民群众利益。

（三）降低争议解决成本

通常，如果当事人人数少且集中，传统双边仲裁或合并仲裁便可高效经济地解决争议。但是，如果当事人人数众多，地域分散，且以小额求偿为主，采取传统双边仲裁或合并仲裁等方式解决争议，其高效性和经济性就可能降低。如果采用双边仲裁，即便是被认为最便宜的临时仲裁，对小额求偿的个体申请人、被申请人和仲裁庭而言，都不是最经济的争议解决方式。因为，小额求偿的个体申请人因聘请仲裁员和代理律师、举证等成本可能大于其求偿数额而入不敷出，被申请人因重复参加仲裁活动需付出更多的成本，仲裁庭因重复处理同类型案件投入的成本无疑会上升。同时，地域的分散性和现实中的不可抗力，也会增加当事人出庭的成本，使合并仲裁的经济性大打折扣。

由于集团仲裁在控制群体性纠纷解决成本方面具有传统仲裁不可比拟的优势，因而可产生强大的“搭便车”效应。首先，集团仲裁通过将众多群体当事人拟制成一个集团，由集团代表人代表全体集团成员出庭，其他集团成员可以缺席仲裁庭审，从而为地域分散的群体当事人节省了出庭所需的时间和费用；同时，由于集团仲裁费用由集团成员按比例共摊，集团成员数量越多，则每位成员所需承担的费用就越少，从而降低小额求偿当事人寻求救济的成本，避免入不敷出现象出现。其次，集团仲裁使被申请人摆脱了重复选定仲裁员和出席仲裁庭审等困境，从而降低时间与金钱的耗费。最后，集团仲裁通过一个仲裁程序，将因格式合同引发的平行争议集中解决，可使仲裁庭从重复审理中解脱出来，仲裁审理成本必将大幅降低。可见，相较于传统仲裁而言，采用集团仲裁方式解决群体性纠纷，不仅更好地遵循了“仲裁程序确保公正和高效”原则，也更能降低纠纷解决成本。

（四）助力诉源治理

为解决大规模格式合同争议，我国已建立了类似于集团诉讼的代表人诉讼制度，但在社会经济高速发展带来的民商事活动数量大幅上升，公民文化素质提高带来的法律维权意识的逐渐觉醒，以及围绕立案登记制的一系列诉讼去门槛化的司法体制改革背景下，我国在基本实现民商事争议“有案必立、有诉必理”的同时，造成了“案多人少”的“诉讼爆炸”局面，影响了法院处理代表人诉讼案件的效率和质量。

我国的公益诉讼制度，在解决群体性纠纷中发挥的作用也是有限的。从实践来看，即便在证券、环境、产品质量、旅游服务等领域出现侵权行为，公民个人提起公益诉讼也极为少见。因为仅依靠公民个人，可能无法单枪匹马抗衡实力强大的侵权人。一方面，依靠公民个人去辨识隐蔽性强的侵权行为，其知识储备也存在局限性；另一方面，我国法院因“诉讼爆炸”凸显等多种原因，对公民个人提起的公益诉讼受理并不多见。可见，我国公益诉讼制度对于公民个人权益受损寻求司法保护而言，作用是有限的。

党的二十大报告指出，健全共建共治共享的社会治理制度，提升社会治理效能，这为我国创新纠纷解决机制提出了新的要求。建构民商事群体性纠纷集团仲裁解决机制，不仅可以弥补仲裁制度的短板，为寻求小额赔偿的众多平行当事人提供寻求救济的路径，也可在诉源治理中发挥分流阀的作用。

（五）放大仲裁制度外溢效应

当前，全球治理体系正面临严峻挑战。只有迈向人类命运共同体，才能共同应对全球发展面临的各种不确定因素，实现全人类“和平发展，合作共赢”的共同愿望。习近平总书记强调，制度优势是一个国家的最大优势，制度竞争是国家间最根本的竞争。

当今世界，国际商事仲裁已成为各国制度竞争的新战场。自2003年以来，美国、西班牙、德国等欧美国家先后突破传统仲裁规则的樊篱，通过构建集团仲裁等制度，将民商事群体性纠纷纳入可仲裁范围，有效解决民商事群体性纠纷，拓宽全球仲裁服务市场，提高本国仲裁制度的国际声誉和本国仲裁机构的国际品牌优势，进而巩固其在国际仲裁服务市场上的垄断地位。我国要提高仲裁国际竞争力，争取国际纠纷解决话语权，展现世界第二大经济体的大国责任与担当，更需在仲裁制度设计上突出创新性，在仲裁制度功能上突出服务性。构建具有中国特色的集团仲裁制度，不仅可打造具有国际竞争力的群体性纠纷仲裁解决服务品牌，在国际民商事群体性纠纷解决服务市场上与美国、西班牙、德国等开展竞争，也会放大我国仲裁制度的外溢效应，使我国能够更好地服务于全球经济布局和人类命运共同体建设。

四、民商事群体性纠纷集团仲裁解决机制建构路径

民商事群体性纠纷集团仲裁解决机制，需要在正视传统仲裁制度体系和组织运行体制的基础上，融入解决民商事群体性纠纷的新要素并使之和谐协调，方能更好地发挥仲裁的作用。

（一）制度体系：仲裁法统合仲裁规则

鉴于民商事群体性纠纷存在当事人成员众多性和潜在性等特点，需在现有仲裁基本程序规则基础上设计特殊程序规则。集团仲裁特别程序规则，是民商事群体性纠纷集团仲裁解决机制的核心内容。从国际上已出现的三大集团仲裁制度模式可以窥见，美国集团仲裁制度是在《联邦仲裁法》和《统一仲裁法》未禁止集团仲裁且联邦法院允许集团仲裁的前提下，通过《AAA规则》和《JAMS规则》共同构成的制度体系。德国股东集体仲裁是通过《DIS规则》确立的，但同样是在2009年德国联邦法院提出“在立法不作为的情况下，法院可授权股东以仲裁方式解决纠纷”的意见后形成的。西班牙消费者集体仲裁制度则是通过西班牙议会于2008年231/2008皇家法令确立的。可见，三种模式背后都离不开国家立法的明示或默示准许。

目前《中华人民共和国仲裁法》（以下简称仲裁法）的修改已纳入全国人大的修法计划，这给建构中国特色集团仲裁制度带来了契机。据此，民商事群体性纠纷集团仲裁解决制度体系，可主要由仲裁法和仲裁机构根据仲裁法制定的仲裁规则组成。将集团仲裁基本规则嵌入仲裁法，是建构集团仲裁制度体系最便捷的实现路径。具体而言，需在仲裁法中修改或增加以下内容，并授权仲裁机构在基本程序规则框架内根据需要细化规则，由此实现以国家立法为导引、推动仲裁机构加快制定特别规则的集团仲裁建构目标。

1.扩大可仲裁事项范围

扩大现行仲裁法规定的可仲裁事项范围，是建构集团仲裁制度的前提和基础。为此，需在充分关注世界各国可仲裁性事项一般条款的普遍规则与趋势基础上，修改可仲裁事项条款，解决民商事群体性纠纷可仲裁性问题。为建立民商事群体性纠纷集团仲裁解决机制，可仲裁范围的界定应穷尽所有可能引发群体性

纠纷的事项。因此，我国可借鉴美国的经验，将商品消费、劳资、证券、服务贸易、知识产权、投融资、反垄断和破产等引发的群体性纠纷均纳入集团仲裁的可仲裁范围。为此，需突破现行仲裁法第二条“合同纠纷和其他财产权益纠纷”的限制，将仲裁适用范围界定为“通过有效仲裁协议产生的民商事法律关系的当事人之间发生或将要发生的私法争议，无论是否与合同或财产相关”。这样，就可将既非合同争议又非其他财产争议的群体性纠纷，如知识产权有效性纠纷、股东大会或董事会决议效力纠纷等，纳入集团仲裁的适用范围，以强调仲裁条款的独立性，将可仲裁事项的认定标准回归仲裁条款本身。

2.赋予仲裁庭自裁管辖权

赋予仲裁庭在民商事群体性纠纷集团仲裁解决中更大的自裁管辖权，既是仲裁庭解释仲裁条款以决定是否启动集团仲裁程序的前置条件，也是实现集团仲裁程序高效运行的重要保障。集团仲裁制度之所以能在美国、西班牙和德国确立，其中一个重要原因便是对自裁管辖权原则的积极采纳。长期以来，我国仲裁法一直未赋予仲裁庭自裁管辖权，为此，可借仲裁法修订之际，赋予仲裁庭自裁管辖权，以解决集团仲裁管辖权争议问题。由于集团仲裁涉及众多当事人，其程序的启动和审理与一般仲裁相比存在复杂性，因此需要增加如下特殊规则：一是全面接纳自裁管辖权原则，即赋予仲裁庭根据事实和仲裁规则判断集团仲裁当事人提交的仲裁协议的效力和确定案件管辖的权力，以确保集团仲裁程序的正常启动；二是赋予仲裁庭更大的集团仲裁自裁管辖权，以确保集团仲裁审理程序的正常开展。

3.改变仲裁“沉默”条款狭义解释为宽泛解释

启动集团仲裁的前提条件是仲裁协议约定可以采用集团仲裁形式。从欧美实践来看，现实中仲裁条款有时对是否采用集团仲裁解决纠纷表示“沉默”。为此，仲裁机构在收到集团仲裁申请时，需对约定不明的仲裁条款先行作出是否可以启动集团仲裁的解释。从国际实践来看，凡仲裁条款未明确禁止，仲裁机构就可依据规则受理集团仲裁申请。为更好发挥集团仲裁化解群体性纠纷的作用，我国可依《中华人民共和国民法典》第四百九十七条、第四百九十八条的规定，在仲裁法第十七条增加以下规定：一是格式仲裁条款提供方不得在格式合同中以所谓“放弃条款”限制或排除相对方申请集团仲裁的权利，否则格式仲裁条款无效；二是赋予仲裁庭“沉默条款”解释权。即当格式仲裁条款对集团仲裁不置可否时，仲裁庭应遵循不利解释规则，根据案情对仲裁条款进行宽泛解释，支持仲裁申请人的集团仲裁申请。如果当事人就仲裁机构对“沉默条款”的解释存在异议，可以在集团仲裁开庭前，请求人民法院对仲裁条款是否允许集团仲裁予以确认，以充分保障仲裁各方当事人的地位平等。亦即集团仲裁启动以仲裁庭作为第一确认主体，人民法院可作为必要的保底措施和司法监督力量，成为集团仲裁启动的补充确认主体。

4.明确集团拟制与代表人产生规则

从欧美等国实践来看，集团组建模式主要分为退出制（opt-out）和加入制（opt-in），两种模式各有优劣。退出制事先将潜在申请人拟定为集团成员，再公告通知其可申明退出以确定集团规模。此举虽然有利于降低集团成员的登记和救济成本，但也存在因不可抗力等导致在通知期限内无法申明退出的潜在申请人的意思自治权被侵犯的风险。加入制则事先公告通知潜在申请人限期登记成为集团成员，虽然充分尊重了潜在申请人选择集团仲裁救济的意思自治，但也增加了集团成员的登记和救济成本。为扬长避短，我国可将加入制的自愿优势与退出制的成本优势结合，开辟“第三条道路”，采取“混合制”模式，即将集团拟制权在仲裁庭和集团仲裁申请人之间进行分配，适当赋予集团仲裁申请人“集团自拟权”，并将其作为当然的集团代表人，由申请人代表先行自拟集团，并代理集团成员行使选择仲裁员的程序性权利。为此，需在仲裁法第四章中增加集团组建和代表人选任程序规则。

借鉴《中华人民共和国证券法》（以下简称证券法）集团诉讼相关规则，需在仲裁法中增加集团仲裁的集团组建程序。一是规定组建集团需满足的基本要件，包括集团成员人数的众多性（如规定不少于50人），集团成员与被申请人之间签订的协议需具有实质内容的相似性，集团成员与被申请人之间存在的争议需具有共同性；二是要求集团仲裁申请人尽可能将潜在当事人纳入集团成员名单，并代表拟制集团成员行使选定仲裁庭的权利；三是仲裁庭应根据申请人的描述和大数据搜索结果，查明争议影响范围，继续收集潜在当事人名单，防止集团成员的遗漏。在此基础上，由仲裁庭对集团成员与被申请人的法律关系及其争议点进行严格筛选，在确保集团成员之间存在共同诉求、共同法律事实和相似仲裁协议的基础上，拟定集团成员名单。

鉴于代表人选任涉及集团内部成员之间的利益平衡问题，我国可采取委任与选任相结合的方式确定集团仲裁中的集团代表人。因此，在仲裁法中可增加以下规则：一是由仲裁庭直接将集团仲裁申请人中的某一位成员委任为集团代表人，以及时启动集团仲裁程序；二是可借鉴证券法第九十五条第三款“投资者保护机构受五十名以上投资者委托，可以作为代表人参加诉讼”之规定，赋予集团成员选任代表人的权利，如获得不少于50名集团成员的书面委托授权，经仲裁庭审查确认后，可作为增选的集团代表人参加集团仲裁审理活动。为防止集团代表人出于私利与被申请人恶意和解，仲裁庭应在收到集团代表人与被申请人订立的和解协议后，以合理方式听取全体集团成员意见，在多数（通常为2/3）集团成员认为和解协议符合公平、合理和充分性要求后，仲裁庭方可批准和解协议。

5.增设仲裁裁决效力扩张与执行申请规则

集团成员无论是否实际参与了仲裁审理活动，都应被视为仲裁当事人，并受裁决效力的约束，此即仲裁裁决既判力之主体扩张。同时，仲裁裁决的执行也应具有约束力。为此，需在仲裁法第六章关于裁决的执行程序中增加相关规定。一是需按照“一裁终局”之原则性规定，如果集团一方仲裁落败，并且集团仲裁裁决为人民法院所承认并执行，任何集团成员均不得就同一纠纷另行申请仲裁或提起诉讼。反之，如果集团仲裁裁决被人民法院裁定不予执行，符合起诉或申请仲裁条件的集团成员，可根据其仲裁协议重新申请仲裁，或向人民法院起诉。二是如果集团一方仲裁获胜，为提高集团仲裁裁决执行效率，需增加“集团仲裁终局裁决的承认与执行申请，只能由集团代表人向人民法院提出”的规定。

（二）组织架构：“一站式”、常设仲裁机构和临时仲裁庭

组织架构是民商事群体性纠纷集团仲裁解决机制的有机组成部分。我国需以现有民商事纠纷解决机构为依托，优化其职能并适当赋权，使之成为能够承载化解民商事群体性纠纷的仲裁组织，并形成一个可供当事人选择，且良性互动的有效运行平台。

2019年7月发布的《最高人民法院关于建设一站式多元解纷机制一站式诉讼

服务中心的意见》和2021年9月发布的《最高人民法院关于深化人民法院一站式多元解纷机制建设推动矛盾纠纷源头化解的实施意见》，明确完善诉前多元解纷联动衔接机制，加强诉讼与仲裁等程序衔接。据此，我国可借鉴美国集团仲裁混合模式，将集团仲裁纳入人民法院附设的非讼纠纷解决机制（ADR）中，形成“诉讼—仲裁”一体对接机制，对起诉到人民法院的民商事群体性纠纷，可由人民法院主导，由法官而非仲裁员行使“自由裁量权”，由人民法院引导当事人选择仲裁方式解决。人民法院可为当事人推荐法官或特定领域专家，由当事人从中选定仲裁员组成仲裁庭，或通过人民法院与仲裁机构之间的协作机制，引导当事人将纠纷提交特定仲裁机构解决，以此建设民商事群体性纠纷“一站式”解决平台，发挥集团仲裁诉前解纷作用。

我国目前已建立了270多家仲裁委员会，其中多为常设仲裁机构。为充分尊重当事人意愿，常设仲裁机构应当是集团仲裁的主要平台。从集团仲裁国际实践经验来看，通常是建立专业仲裁机构负责审理和裁决集团仲裁案件，如西班牙消费者集体仲裁，是通过建立消费者仲裁委员会、证券仲裁委员会等，受理和审理专业领域的集团仲裁案件。我国目前已建立的消费和金融仲裁委员会，虽然作为处理消费和金融仲裁案件的专门机构，但缺乏解决民商事群体性纠纷的相应规则及先例，因此，有必要通过仲裁法的修改，增加集团仲裁程序，为消费、金融等专业仲裁委员会提供民商事群体性纠纷集团仲裁服务的法律依据。同时，参照环保等社会公益组织组建方式，引入激励机制扶持更多的消费者和中小投资者保护组织，如允许消费者和中小投资者保护组织从集团仲裁所获赔偿金中抽取一定比例作为消费者或投资者保护基金，以此壮大专业仲裁机构队伍，优化集团仲裁常设机构布局。

在以人民法院“一站式”多元纠纷解决和诉讼服务体系、常设仲裁机构为主要组织形式的基础上，为了给当事人提供更多的选择权，常设仲裁机构还可在当事人申请下，协助当事人实现其仲裁条款约定的组建临时仲裁庭的需求，包括选择仲裁员和提供集团仲裁规则等，以此形成人民法院“一站式”多元纠纷解决和诉讼服务体系、常设仲裁机构和临时仲裁庭等三个平台并行的集团仲裁组织机构，供当事人在仲裁协议中自主选择。

民商事群体性纠纷集团仲裁解决机制的建构是民商事法学实践应用的重要成果之一。通过一系列措施可以有效应对民商事群体性纠纷的挑战，保障当事人的合法权益，维护社会和谐稳定。随着全球化的进一步加深和市场经济的发展，民商事法学的实践应用将继续推动仲裁制度的创新与发展，为维护社会和谐稳定和市场经济秩序作出更大贡献。

第四章　公司治理法律实务

第一节　公司治理理论

一、公司治理的定义

公司治理，从广义角度理解，是研究企业权力安排的一门科学。从狭义角度理解，是基于企业所有权层次，研究如何授权给职业经理人并针对职业经理人履行职务行为行使监管职能的科学。

二、公司治理的原则

在当今复杂多变的商业环境中，公司治理作为确保企业健康、可持续发展及保护各方利益的关键机制，其重要性日益凸显。一个健全的公司治理框架不仅能够增强投资者信心，促进资本市场的稳定与繁荣，还能为企业创造长期价值。以下，我们将深入探讨五项核心的公司治理原则，这些原则共同构成了现代公司治理的基石。

（一）公司治理框架应保护股东权利

股东作为公司的所有者，对其权利的保护是公司治理的首要任务。这意味着公司应建立一套清晰、透明的股东权利保护机制，包括但不限于投票权、知情权、收益权及参与重大决策的权利。通过制定并执行严格的股东大会议事规则，确保每位股东的声音都能被听到，决策过程公正、公平，从而维护股东的根本利益。

（二）平等对待所有股东，确保有效补偿机制

公司治理应坚持“股东平等”的原则，这意味着无论股东持股多少，国内外股东都应享有同等的待遇和机会。当股东权利受到侵害时，公司应设立有效的救

济途径，确保受损股东能够获得及时、合理的补偿。这不仅体现了公司治理的公平性，也是维护市场信心、吸引长期投资的重要保障。

（三）确认公司利益相关者的合法权利，促进积极合作

公司不只是股东的，还涉及员工、客户、供应商、社区以及环境等多方利益相关者。良好的公司治理要求企业认识到这些利益相关者的价值，并确认他们的合法权利。通过建立有效的沟通机制，鼓励公司与利益相关者开展积极合作，共同推动企业的可持续发展。这种合作不仅有助于提升企业的社会形象，还能为企业创造更多的商业价值。

（四）确保信息透明，及时准确披露实质性事项

信息是公司治理的生命线。公司应建立健全的信息披露制度，确保及时、准确地向所有利益相关者披露与公司相关的实质性事项，包括财务状况、经营状况、所有权结构以及公司治理状况等。这不仅有助于投资者做出明智的决策，还能增强市场对公司治理的信心，促进资本市场的健康发展。

（五）董事会应发挥战略引领与有效控制作用

董事会作为公司治理的核心机构，其职责在于为公司制定战略方向，并对经营层实施有效控制。一个高效、独立的董事会能够确保公司决策的科学性、合理性，并有效监督经营层的行为，防止内部人控制等问题的发生。同时，董事会还应对公司和股东负责，确保公司目标的实现与股东利益的最大化。

三、基于公司法的公司治理模式

（一）公司治理结构的确立

1.法人治理结构的确立

在《中华人民共和国公司法》（以下简称公司法）中，其不仅赋予了股东人员经济收益、关键决策、选择管控等方面的权利，还依据西方国家政治“三权分立”原则，确定了股东大会、董事会、监事会等方面的权限。公司内部股东大会

在开展时存在决议权，董事会则存在控制、经营管理等方面的权利，监事会内部则具备执法权利。总的来讲，就是股东人员通过会议来选举董事会，董事会运作法人财产、聘请经理来执行工作。与此同时，股东大会通过会议选举出监事会，让其对董事会、经理人员的职权使用情况进行监督管理，最后对法人治理的结构进行确定。

2.员工参与管理制度

在公司管理的过程中，如果员工、债权人、供应商、政府单位等相应团体与股东可以组成团体会议制度，替代以往的模式，并让其参与重要决策，这不仅可以让其考虑将经济当作重点，还能够扩展履行公司社会责任的范围。

将以上模式与中国立法结合在一起后，主要使用了法律体系下的员工参与制度。其中独立的董事会制度内容不仅包含该方面，还涉及“利害群体参与说”内容，其中关系人员在数量多的基础上还较为复杂，因此，在现实公司管理工作过程中，内部的复杂程度相对较高。相比之下，员工参与制度在实践上的可能性更高一些，其在关系员工自身利益的基础上，还能多出一份社会责任感。

（二）公司法基础上公司治理模式的优化

1.股权多元化

公司治理的过程中，如果股权的结构足够合理，便可以高效地对董事、监事、经理等相应人员开展监督。对当前国内公司中股权结构的情况进行分析，想要实现自身长久发展，最为关键的是要进行多元化股权形式，之后依据此来对非国有资本进行合理吸收，以防止一言堂的情况。与此同时，由于股东人员会注重对自身权益的维持，因此，会排斥其他人员因为自身利益而对他人产生影响的行为。即便是国有股东违背了公司法的内容，将自身的利益大幅提升，也会受到其他人员的限制。总体来讲，公司内部在进行股权多元化后，不论人员占据的份额数值情况，都要在公司法的基础上进行权利的行使，确保其他股东利益方面可以得到保障。不仅如此，但凡是公司内部的股东人员，都可以名正言顺地运用权利保障经过大会选举出的董事会、监事会成员，可以对整体利益进行良好的维护[①]。

2.强化监事会

公司内部监事会在两个方面对经营者产生干扰：①威胁机制，其能够对公司经营人员及代理人的忠于职责产生影响；②信息中介，其能在公司运营的过程中，及时地进行出资人通报，以便改正其中的不正当情况。与此同时，监事会在公司内部还展现出了良好的监督作用，其可以对公司的平稳长久发展进行保障、规范每日的运作情况。因此，在公司法内容的基础上，要完善监事会制度，优化内部监督管理机制。第一，公司制度方面确保监事会要对事情经过有一定了解；股东大会上要对监督制度内容进行制定、完善，并对监事会的职责、监督流程方面进行合理规范。例如，监事人员有权在董事长、总经理人员召开工作会议时进行旁听，财务部门要定期报送公司财务报表。第二，要对监事会成员的结构形式进行改变，之后对其中的人员数量严格管控，适当增加外部监事人员，确保其能够具备良好的独立性。不仅如此，要降低兼职监事人员的数量，增加专职员工；强化对监事人员的业务培训力度，大幅提高人员的素质能力，确保公司内部能够正常运转。

3.合理约束机制

在委托代理理论的基础上，如果公司中的所有权、控制权发生分离，由于二者之间的目标函数存在差异，或是信息上的不对称，以及经理人员以权谋私，便会使出资方面的权益受到严重破坏。在以往公司的运行机制中，控制权、索取权之间存在着不匹配的关系。因此，在行政机关控制下，不能依据利益最大化原则来进行决策制定。与此同时，虽然其中的管理人员主要是由股东来决定的，但是经济利益主要源自公司，在该情况下，经营人员对公司剩余资产的控制权利，便成为其利益获得的重要工具。因此，在进行公司治理的过程中，面对的一个核心问题是要在保障所有人员对公司索取权、剩余控制权进行良好把控的基础上，更好地调动经营人员的工作热情。

---

① 向锐，林融玉.学者型独董与内部控制质量——基于中国上市公司的经验证据[J].厦门大学学报（哲学社会科学版），2022，72（2）：61-72.

4.强化股东大会

在股东大会基础上的公司法人管理制度，是目前现代化公司进行人性化管控、保障公司经济的重要基础条件。与此同时，股东大会不仅是公司管控中相应人员行使权利的关键平台，还是重大决策制定的环节。面对逐渐形同虚设的股东大会，公司要对其进行不断的完善、优化，使其可以产生制衡的权利。要强化对小股东利益的保护；公司要注重大股东的作用，之后建立相应的约束机制、机构，来确保其权利的合理使用；或是通过强化董事会的权利，来对股东进行平衡。国家为保障公司内部的良好治理效果，便不断出台相应的法律，其中清晰地标注出了股东大会、董事会的真实权利职责范围，并对其进行合理的限制。不仅如此，在公司管理、运转工作中，必定会对最终结果产生影响，因此，公司要针对当前的情况，强化会议、决策的相应规则，从而保障股东会议、董事会之间能够平衡[①]。

5.规范董事会运作

在公司治理工作开展的过程中，董事会是其中的关键因素之一。从股东人员的角度进行分析，董事会是受托一方，其会接受相应人员的委托任务，来达到对公司资产的保值、增值要求。从经理人员的角度进行分析，董事会还是委托一方，其允许自身开展公司经营活动，并进行监督、管控，确保预定的经营目标可以顺利实现。与此同时，监事会人员个人素质水平还决定着公司的整体实力，因此，要对其使用的制度条例内容不断强化、对董事会的决策内容进行改善，确保其在现实工作中的独立性，以此创建出能够对权利、责任进行相互平衡的合理机制。

（1）公司需要在公司法的基础上，来开展股东大会、董事选举等一系列工作内容，从而将其中存在的随意性彻底消除，并创建、完善其与经理层之间的委托—代理关系。

（2）公司要对董事会的结构、功能进行不断的优化，提高人员的经营管理实力、素质水平；或是执行独立董事的条例，强化对其决策内容的支持性，防止公司内部出现合谋的情况，对小股东的个人利益进行保护。

① 张秋艳，邹梦婷，孟祥瑜.企业集团子公司高管薪酬的参照点效应研究——来自A股上市公司的证据[J].中国地质大学学报（社会科学版），2022，22（3）：94-109.

（3）建立完善的董事信息披露制度，以确保内部治理结构能够向透明化转变。由于股东、董事会之间的委托关系，因此在该过程中有权利知晓其中受托方的活动、薪酬、商业利益等一系列内容。

（4）要完善董事与公司之间的义务、责任等制度，其中主要涉及善管、忠实、竞业禁止、接待、担保等方面的制约。与此同时，董事还会对公司的长期发展战略、政策等相应的内容进行科学制定，确保经营、政策之间的规划内容存在一致，并且可以达到预期的经营目标，以及在出现危急情况时可以产生安全阀效用，并对恶劣的局面进行良好挽回。公司还要对股东大会、董事会进行适当的权利划分，让其能够对自身的权利、义务界限进行明确了解，确保其在相应的授权经营范围、职责等方面存在清晰的界限。

第二节　股权设置与公司治理

一、股权的基本概念

股权，简单来说，就是股东因其出资而享有的对企业财产和经营管理的权利。这些权利包括但不限于参与重大决策、分享企业利润、转让股份以及在企业清算时分配剩余财产等。股权的大小通常以股东持有的股份比例来衡量，比例越高，表示股东对企业的控制权越强，所能享有的权益也越多。

二、股权设置

在现代企业制度中，股权设置作为股份公司确定股东权利与义务的核心机制，不仅关乎企业的治理结构，还深刻影响着企业的融资能力、发展动力及长期稳定性。

（一）股权设置的定义

股权设置，简而言之，是指股份公司在创立或运营过程中，根据相关法律法规及公司章程，明确界定股东权益、义务及权利行使方式的一系列制度安排。在实际操作中，根据企业性质、发展阶段及融资需求的不同，股权设置也会灵活调整，以更好地服务于企业的长远发展目标。

（二）股权设置的主要功能

1.确认投资者地位、权利及义务

股权设置的首要功能是明确界定投资者在企业中的法律地位，包括其享有的表决权、分红权、知情权等股东权利，以及对应的义务和责任，如出资义务、遵守公司章程、不得损害公司利益等。这一功能为投资者提供了清晰的权利边界和预期，增强了投资的安全感与信心。

2.吸引多元化投资，优化资本结构

通过设置不同类型的股权，如普通股、优先股、可转换债券等，企业能够根据不同投资者的风险偏好、资本实力及投资目的，设计更具吸引力的股权结构。例如，优先股以其固定的股息率和优先分配权，吸引了那些追求稳定收益而不愿意承担过高风险的投资者；而可转换债券则结合了债券的安全性与股票的成长性，为潜在投资者提供了更多的选择空间。这样的设计不仅拓宽了企业的融资渠道，还促进了资本结构的优化，降低了融资成本。

三、股权设置对公司治理的深远影响

（一）明确控制权归属，提高决策效率

合理的股权设置能够明确公司的控制权归属，减少因股权分散导致的决策迟缓或内耗。在股权相对集中的情况下，大股东往往拥有更多的投票权，能够迅速做出重大决策，提高公司的市场响应速度和竞争力。同时，大股东出于自身利益考虑，也会更加积极地参与公司治理，监督管理层的行为，降低道德风险和逆向选择。

（二）促进利益绑定，增强公司凝聚力

通过股权激励、员工持股计划等股权设置手段，可以将公司利益与员工、管理层乃至供应商、客户的利益紧密绑定。这种利益共享、风险共担的机制，有助于激发员工和管理层的积极性和创造力，增强公司的内部凝聚力和外部合作力，共同推动公司长期发展。

（三）优化监督机制，保障股东权益

股权设置通过引入多元化的股东结构和监督机制，保障中小股东的合法权益。例如，独立董事制度的建立、股东大会的定期召开以及信息披露制度的完善，都是基于股权设置基础上的重要治理措施。这些措施有助于增强公司透明度，防止内部人控制，确保公司决策的科学性和公正性。

四、股权设置的法律风险与应对

股权设置是公司治理的基础，其合理性直接关系公司的稳定和发展。然而，在股权设置过程中，往往存在多种法律风险，这些风险如果处理不当，可能引发公司内部矛盾、决策僵局，甚至公司瓦解。下面将从股权设置的法律风险入手，探讨相应的应对策略。

（一）股权设置过于集中的法律风险与应对

1.法律风险

股权设置过于集中，即大股东拥有公司绝对多数股份，容易导致公司“一股独大”，董事会、监事会和股东大会形同虚设，形成“内部人控制”问题。这种管理模式在公司创业初期可能有助于快速决策，但进入规模化、多元化经营阶段后，由于缺乏制衡机制，决策失误的可能性增加，公司风险也随之增大。

2.应对策略

（1）适时引入合伙人。通过引入其他投资者或合伙人，分散股权，增强公司决策的科学性和透明度。

（2）股权激励。对高管和核心员工进行股权激励，提高他们参与公司管理的积极性，同时分散大股东的控制权。

（3）优化股权结构。通过股权转让或增资扩股等方式，调整股权结构，避免“一股独大”。

（二）平衡股权结构的法律风险与应对

1.法律风险

平衡股权结构指的是公司大股东之间的股权比例相当接近，没有明确的控股股东。这种结构容易导致公司控制权与利益索取权的失衡，形成股东僵局，影响公司决策效率。

2.应对策略

（1）明确控股股东。通过调整股权分配，确保有一个或几个明确的控股股东，避免决策僵局。

（2）制定决策机制。在公司章程中明确决策程序和表决规则，确保在股东意见不一致时能够形成有效决议。

（3）设立仲裁机制。在股东协议中设立仲裁机制，以便在发生争议时能够迅速解决，减少对公司运营的影响。

（三）股权过于分散的法律风险与应对

1.法律风险

股权过于分散，即多数股东平均持有低额股权，容易导致公司缺乏具有相对控制力的股东，股东参与管理热情不高，公司管理环节缺乏有效监督。此外，小股东之间的相互制约也可能导致决策效率低下。

2.应对策略

（1）设立职业经理人制度。聘请专业的职业经理人负责公司日常运营，提高管理效率。

（2）加强信息披露。提高公司信息披露的透明度和准确性，确保小股东能够获取充分的信息以做出明智的决策。

（3）建立股东沟通机制。加强股东之间的沟通和协调，促进股东之间的合作与共识。

（四）隐名出资的法律风险与应对

1.法律风险

隐名出资指的是一方实际认购出资，但公司章程、股东名册或其他工商登记材料记载的投资人却为他人。这种情况下，法律关系复杂，涉及股东权利的行使和股东的责任问题。

2.应对策略

（1）明确股东身份。在设立公司时，应明确各股东的身份和出资情况，避免隐名出资问题。

（2）签订协议。隐名股东与显名股东之间应签订明确的协议，明确双方的权利和义务。

（3）法律咨询。在涉及隐名出资问题时，应及时咨询专业律师，确保合法合规。

股权设置是公司治理的重要组成部分，其合理性直接关系公司的稳定和发展。在股权设置过程中，应充分考虑各种法律风险，并采取相应的应对策略。通过优化股权结构、明确控股股东、加强信息披露和建立有效的沟通机制等措施，可以降低股权设置的法律风险，确保公司的健康稳定发展。同时，公司应密切关注政策变化和市场动态，适时调整股权结构以适应外部环境的变化。

第三节　股东（大）会制度与公司治理

一、股东（大）会概述

在现代企业制度中，股东（大）会作为公司治理结构的重要组成部分，扮演着至关重要的角色。它不仅是股东行使权利、参与公司重大决策的平台，也是确保公司运营透明、维护股东利益的关键机制。下面将从股东的概念、股东（大）会的概念、特征及其职权四个方面进行深入探讨。

（一）股东的概念

股东是持有公司股份的个人或法人实体，通过购买或受让公司发行的股份，成为公司的所有者之一，拥有按照持股比例分享公司利润、参与重大决策及享有其他股东权益的权利。股东的身份标志着对公司财产所有权的一种法律形式，其权益受到《公司法》和相关法律法规的保护。

（二）股东（大）会的概念

股东（大）会，是公司全体股东组成的最高权力机构。根据公司法规定，股东通过购买公司股份成为公司所有者，而股东（大）会则是这些所有者集体行使对公司重大事项决策权的场所。在有限责任公司中，由于股东人数相对较少，通常称为股东会；而在股份有限公司，尤其是上市公司中，由于股东众多，则称为股东大会。

（三）股东（大）会的特征

（1）法定性与权威性。股东（大）会的设立、职权、召集程序及表决方式等均由《公司法》等法律法规明确规定，具有法定性。同时，作为公司的最高权力机构，其决策对公司及全体股东具有最高权威性。

（2）广泛参与性。股东（大）会原则上要求所有股东均有权参加，并享有平等的表决权（除非公司章程另有规定）。这种广泛参与性确保了公司决策的民主性和公正性。

（3）定期与临时性。股东（大）会分为定期会议和临时会议。定期会议按照公司章程或法律规定的时间间隔召开，主要审议公司年度报告、利润分配等常规事项；而临时会议则在公司遇到重大事项或特定情况下，由董事会、监事会或符合法定条件的股东提议召开。

（4）决策效率与灵活性。虽然股东（大）会决策需遵循严格的法定程序，但现代公司治理实践中，通过引入电子投票、网络会议等科技手段，提高了决策效率和灵活性，使得股东能够更便捷地参与决策过程。

（四）股东（大）会的职权

股东（大）会的职权广泛而重要，主要包括但不限于以下几个方面。

（1）决定公司的经营方针和投资计划。这是股东（大）会最基本的职权之一，直接关系公司的长远发展和股东的根本利益。

（2）选举和更换董事、监事，决定有关董事、监事的报酬事项。通过选举产生董事会和监事会，确保公司管理层能够代表股东利益，并对管理层进行必要的监督和激励。

（3）审议批准董事会的报告。其包括年度报告、财务报告等，以了解公司运营状况，评估管理层绩效。

（4）审议批准监事会或监事的报告。监督公司财务及管理层行为，确保公司合规运营。

（5）审议批准公司的年度财务预算方案、决算方案。控制公司财务资源，确保资金使用的合理性和有效性。

（6）审议批准公司的利润分配方案和弥补亏损方案。决定公司盈利的分配方式，保障股东的投资回报。

（7）对公司增加或者减少注册资本作出决议。调整公司资本结构，以适应市场变化和公司发展需要。

（8）对发行公司债券作出决议。决定公司融资方式，保障公司资金安全。

（9）对公司合并、分立、解散、清算或者变更公司形式作出决议。处理公司重大变更事项，维护股东权益和公司稳定。

二、股东（大）会的运作制度

股东（大）会作为公司治理结构中的核心机构，其运作制度的健全与否直接关系公司的决策效率和治理水平。

（一）股东（大）会的召集制度

1.常态下的召集制度

根据公司法的规定，股东（大）会的召集和主持主要由董事会负责。具体而言，董事会应当负责召集股东会会议，并向股东会报告工作（公司法第六十七条）。通常情况下，由董事长召集并主持会议；若董事长不能履行职务或者不履行职务的，则由副董事长代为召集和主持；若副董事长亦无法履行职责的，则由半数以上董事共同推举一名董事召集和主持。

2.非常状态下的召集制度

除了常态下的召集安排外，《公司法》还对非常状态下的召集制度作出了规定。

（1）董事会临时会议的召集

《公司法》第一百二十三条规定，董事会每年度至少召开两次会议，每次会议应当于会议召开十日前通知全体董事和监事。然而，在特殊情况下，如需要临时召开董事会，可以另定召集董事会的通知方式和通知时限。这意味着在非常状态下，公司可以根据实际情况灵活安排董事会的召集时间和方式。

（2）股东会临时会议的召集

对于股东会临时会议，公司法规定必须在召集通知中记载审议事项。这确保了股东有足够的时间准备和应对会议讨论的议题。如果临时会议的召集通知中未列明审议事项，那么会议不得就此作出决议，否则决议将归于无效。这一规定在非常状态下尤为重要，因为它保障了股东的知情权和参与权。

（3）非常状态下的特别规定

在非常状态下，如公司面临重大危机或需要迅速决策时，公司法允许采取特别措施。例如，代表十分之一以上表决权的股东、三分之一以上董事或者监事会，可以提议召开董事会临时会议。这为公司在紧急情况下提供了快速反应的机制。

最新公司法在非常状态下提供了灵活的召集制度，允许公司在紧急情况下迅速召集董事会或股东会，以应对可能出现的重大问题。同时，这些规定也保障了董事和股东的基本权益，确保了决策过程的合法性和公正性。

（二）股东（大）会的表决制度

1.表决权的基本规定

公司法第六十五条规定，股东会会议由股东按照出资比例行使表决权；但是，公司章程另有规定的除外。这体现了公司法对股东表决权的基本尊重，同时也赋予了公司章程一定的自治权。而针对股份有限公司的股东大会，公司法第一百一十六条规定，股东出席股东大会会议，所持每一股份有一表决权，但公司持有的本公司股份没有表决权。

2.表决事项的分类与决议方式

针对不同的表决事项，股东（大）会作出决议的方式也有所不同。一般而言，大部分决议只需经出席会议的股东所持表决权的过半数通过即可。然而，对于修改公司章程、增加或者减少注册资本，公司合并、分立、解散或者变更公司形式等重大事项，则必须经出席会议的股东所持表决权的三分之二以上通过，以确保这些重大决策的谨慎性和合法性。

（三）股东（大）会的责任追究制度

1.股东的责任

股东在股东（大）会中的行为需受到一定的约束和责任追究。第一，股东应按照公司章程和法律规定行使权利，不得滥用股东权利损害公司或其他股东的利益。第二，股东应当积极参与公司治理，对重大事项进行审议和表决，确保公司决策的科学性和民主性。对于违反法律、行政法规或公司章程的行为，股东需承担相应的法律责任。

2.董事、监事及高级管理人员的责任

除了股东外，董事、监事及高级管理人员在股东（大）会运作中也承担着重要的责任。他们需忠实、勤勉地履行职责，确保股东（大）会的决议得到有效执行。若因董事、监事或高级管理人员的失职、渎职行为导致公司或股东利益受损，他们需依法承担相应的赔偿责任。

3.责任追究的程序

当股东（大）会决议出现违法或不当情形时，公司、股东或其他利益相关者有权依法追究相关责任人的法律责任。责任追究的程序一般包括提起诉讼、提交仲裁或向相关监管机构举报等方式。在追究责任时，应充分尊重法律程序和事实依据，确保责任追究的公正性和合法性。

三、股东（大）会制度对公司治理的促进作用

（一）保障股东权益

股东（大）会制度为股东提供了一个直接参与公司重大决策的平台，确保股东能够按照其持股比例行使表决权，从而有效维护自身权益。通过参与股东大

会，股东可以了解公司的经营状况、财务状况及未来发展规划，对公司的经营策略和管理层进行监督，防止内部人控制现象的发生。

（二）促进决策的科学性与民主性

股东（大）会汇集了来自不同背景、拥有不同专业知识的股东，他们的广泛参与和充分讨论，有助于形成更加科学、合理的决策。同时，股东大会的集体决策机制，避免了单一决策者的主观性和片面性，提高了决策的民主性和透明度，为公司长远发展奠定了坚实基础。

（三）强化监督机制

股东（大）会不仅是决策机构，也是重要的监督机构。通过选举产生董事会和监事会，股东（大）会实际上构建了公司内部的三权分立与制衡机制。董事会负责执行股东大会的决议，而监事会则负责监督董事会和管理层的履职情况，确保公司运营符合法律法规和股东利益。这种监督机制有助于防止权力滥用，提高公司治理水平。

（四）推动公司战略调整与转型升级

面对市场环境的不断变化，公司需要不断调整战略以适应新的发展机遇和挑战。股东（大）会作为最高权力机构，能够集中股东智慧，就公司战略调整、业务转型等重大事项作出决策，为公司指明发展方向。同时，通过引入外部投资者或战略伙伴，股东（大）会还能为公司带来新的资源、技术和市场机会，推动公司转型升级。

四、基于公司治理视角完善股东（大）会制度的路径

在现代企业制度中，股东（大）会作为公司的最高权力机构，其运作效率与决策质量直接关系公司治理水平的高低及企业的长远发展。一个健全、高效的股东（大）会制度，能够有效平衡股东权益、促进企业决策的科学性与透明度，进而增强市场竞争力和可持续发展能力。下面将从公司治理的角度出发，探讨完善股东（大）会制度的路径。

（一）明确股东权利与义务，强化股东参与意识

首先，完善股东（大）会制度需从明确股东的基本权利与义务入手，包括但不限于知情权、表决权、选举权、监督权及遵守公司章程、履行出资义务等。通过法律法规及公司章程的细化规定，确保每位股东都能充分了解自己的权利与责任，增强参与公司治理的主动性和积极性。其次，企业应通过多种渠道（如股东大会、网络投票、定期报告等）提升信息透明度，让股东能够便捷地获取公司运营状况，为其行使权利提供充分的信息支持。

（二）优化股东结构，促进多元化治理

股东结构的多元化是提高公司治理水平的重要因素。企业应积极引入战略投资者、机构投资者及个人投资者，形成多元化的股权结构，避免单一股东或少数股东控制现象，减少利益冲突。多元化的股东群体能够带来不同的视角和资源，促进决策的科学性和创新性。此外，还应关注对中小股东的保护，通过累积投票制、提案权、征集投票权等方式，增加中小股东在股东大会上的话语权和影响力。

（三）完善会议制度与流程，提高决策效率

建立健全的股东（大）会会议制度与流程是保障其有效运作的关键。企业应制定详细的会议规则，包括会议的召集、通知、召开、表决、记录及决议执行等环节，确保会议程序的合法性和规范性。同时，利用现代信息技术手段（如视频会议、电子投票系统等），提高会议效率和参与度，降低股东参会成本。此外，对于重大事项，应设立特别委员会进行前期调研和审议，为股东大会提供充分、专业的决策依据。

（四）强化监督机制，保障股东权益

有效的监督机制是股东（大）会制度顺利运行的保障。企业应建立健全的内部审计、独立董事、监事会等内部监督机构，确保对公司管理层的有效监督和制约。同时，鼓励股东通过提案、质询、诉讼等方式对公司经营管理进行监督，维护自身合法权益。此外，加强外部审计和监管机构的监督力度，形成内外结合、多方共治的监督体系，确保公司治理的透明度和公正性。

（五）培养企业文化，营造良好治理氛围

企业文化作为公司治理的软环境，对股东（大）会制度的完善具有重要影响。企业应积极培育尊重股东、诚信经营、开放包容的企业文化，营造股东与管理层之间良好的沟通与协作氛围。通过定期举办股东交流会、业绩说明会等活动，增强股东对公司的认同感和归属感，促进公司治理的持续优化和提升。

总之，基于公司治理视角完善股东（大）会制度是一个系统工程，需要从明确股东权利与义务、优化股东结构、完善会议制度与流程、强化监督机制以及培养企业文化等多个方面入手。只有这样，才能构建一个高效、透明、公正的股东（大）会制度，为企业的持续健康发展奠定坚实的基础。

第五章　人工智能法学

第一节　人工智能与人工智能法学

随着科技的飞速发展，人工智能已逐渐渗透到社会经济的各个领域，从智能制造到智慧医疗，从自动驾驶到金融风控，无一不彰显着其强大的变革力量。而在这一场科技革命中，法律作为社会秩序的守护者，也不可避免地与人工智能产生了深刻的交集，催生了“人工智能法学”这一新兴学科，为法律的现代化、智能化发展开辟了新路径。

一、人工智能

人工智能（Artificial Intelligence），英文缩写为AI，是新一轮科技革命和产业变革的重要驱动力量，是研究、开发用于模拟、延伸和扩展人的智能的理论、方法、技术及应用系统的一门新的技术科学。

人工智能是智能学科重要的组成部分，它企图了解智能的实质，并生产出一种新的能以与人类智能相似的方式做出反应的智能机器。人工智能是十分广泛的科学，包括机器人、语言识别、图像识别、自然语言处理、专家系统、机器学习、计算机视觉等。

人工智能带来的治理挑战也不容忽视。马斯克指出，在人工智能机器学习面具之下的本质仍然是统计。营造良好创新生态，需做好前瞻研究，建立健全保障人工智能健康发展的法律法规、制度体系、伦理道德。着眼未来，在重视防范风险的同时，也应同步建立容错、纠错机制，努力实现规范与发展的动态平衡。

二、人工智能法学

（一）人工智能法学的定义

人工智能法是研究规范、引导、激励和保障人工智能安全、可靠和可控发展及其应用的法律规范总称。人工智能法学是以人工智能法律规范、法律现象及其发展规律为研究内容的科学。人工智能法学不是“人工智能+部门法学”或“（计算）数据信息+法学”，而是由“人工智能+法学”交叉融合而成的独立新兴学科①。人工智能技术的发展虽然便利了我们的生活，但也带来了诸多风险，如个人数据泄露、大数据杀熟、算法黑箱等。而人工智能法学的目的就是保障人工智能技术安全、可靠、可控地发展。为此，数据治理、算法规制、平台治理等纷纷出现。人工智能法学的研究对象包括法律信息处理、智能合同和智能法律服务、人工智能伦理规则、人工智能法律规则、人工智能法治应用、法律智能化系统设计和开发等方面。

（二）人工智能法学的内涵

随着互联网、5G、区块链、人工智能技术的发展，人工智能引发的法学问题越发受到关注。人工智能法学是一门新兴的交叉学科，其研究对象主要包括人工智能的法律规制以及人工智能的法律应用。人工智能法学的研究内容比较广泛，与人工智能有关的法律问题极为复杂，它是法学、哲学、伦理学、社会学、自然科学等学科共同面临的时代课题，拥有广阔的探索空间②。人工智能法学并不仅是简单的人工智能与法律这两个学科的组合，而是人工智能时代全新的、完整的、独立的、系统的理论整体。人工智能法学研究本身即可以分为人工智能问题的法律化以及法律问题的人工智能化两大议题。

（三）人工智能法学的发展

人工智能法学起源于国外。早在20世纪50年代，梅哈尔（Mehal）就开始关注并研究人工智能法学。2017年，世界上首位机器人律师Do Not Pay出现并被广泛使用。硅谷的黑石公司发明了一种能够处理法律文件的自然语言处理软件，它能够让律师的效率提高500倍，从而将打官司的成本下降99%。一种全新的理念，即“只有跳出法律后反观法律，法学才能获得更强的生命力”正在反哺法学发展。随着人工智能技术的发展，人工智能在司法人工智能领域获得广泛的应用。人工智能法学在中国的发展，可以追溯到著名学者钱学森。他在20世纪80年

① 刘艳红.人工智能法学的“时代三问”[J].东方法学，2021（05）：32-42.

② 冯子轩.人工智能与法律[M].北京：法律出版社，2020：9.

代就人工智能与法学结合方面提出总体性的构想，是我国最早提出人工智能与法学研究的学者。

进入21世纪，人工智能快速发展。2017年，国务院制订了《新一代人工智能发展规划》。2018年，教育部制订了《高等学校人工智能创新行动计划》。2019年，科技部印发《国家新一代人工智能创新发展试验区建设工作指引》。2020年，教育部、国家发展改革委、财政部三部委联合印发《关于“双一流”建设高校促进学科融合加快人工智能领域研究生培养的若干意见》。对人工智能法学的相关探索也促进了“跨学科”研究的发展。上海政法学院于2019年5月在上海率先成立了人工智能法学院，并录取了全国首批40名人工智能法学本科生。目前，上海政法学院人工智能法学院拥有法学、知识产权、计算机科学技术、软件工程、物理、情报、动画与新媒体等方面的师资力量，初步形成了跨学科人才培养的模式。

（四）人工智能法学的研究内容

人工智能法学的研究内容主要包括两个方面：一是人工智能技术的发展引发了哪些法律问题，以及法律如何规制这些问题。比如元宇宙时代，“人”具备了生物人和信息人双重属性。人工智能技术的发展挑战着传统的法律主体，关于人工智能法律主体的地位主要有肯定说和否定说两种主张。数字时代，数据成为新的生产要素，具有非独立性、非排他性、非稀缺性的特征，其并不是物理世界中传统的“物”，同时挑战着传统的法律客体。二是在人工智能时代，如何利用人工智能技术促进法律公平、正义的实现。人工智能技术广泛运用于法律的运行和实施过程中。智慧司法的运用减轻了案多人少的矛盾、智慧执法的运用增加了执法的效率。只有坚守以人为本的数据正义观、代码正义观、算法正义观，才能利用人工智能技术推动数字时代法律公平和法律正义的实现。

（五）人工智能法学的人才培养

随着人工智能技术的发展，不仅出现了新型的与人工智能相关的行业，传统的法律行业也进行了数字化改革。市场急需人工智能与法学复合人才。国家和地方的政策规划也提出了复合型人才建设的要求。《新一代人工智能发展规划》鼓励高校“人工智能+X”复合专门培养模式，教育部发布的《高等学校人工智能创新行动计划》强调“人工智能+X”学科、专业建设，《关于“双一流”建设高校促进学科融合加快人工智能领域研究生培养的若干意见》指出要推进人工智能领域高级人才培养。2019年，上海政法学院招收人工智能法学方向本科生，经过几年的探索，无论是学科力量、师资力量、教材建设，还是学术平台的搭建、实习基地的建设，都具有独特优势。由此可见，高校的人工智能法学专业人才培养正逐渐系统化。

三、人工智能法学的主要研究领域

人工智能法学作为一门新兴的交叉学科，将法学与人工智能技术深度融合，旨在通过技术手段提高法律工作的效率和准确性，并解决伴随技术发展而来的伦理和法律问题。下面将从人脸识别、搜索引擎、信用评价、智慧公司、算法行政和智慧警务、算法合谋、零工经济、社交媒体以及数据治理等九个主要研究领域，探讨人工智能法学的前沿动态和应用前景。

（一）人脸识别领域

人脸识别技术作为人工智能领域的一个重要分支，具有广泛的应用前景，但也伴随着伦理和法律问题。人脸识别技术通过视觉生物识别技术，基于人的脸部特征进行身份识别。在法律领域，人脸识别被用于犯罪嫌疑人识别、公共安全防控、出入境管理等场景。然而，该技术也引发了数据安全和隐私保护的担忧。人工智能法学需要研究如何规范人脸识别技术的数据采集、存储、使用、交易及共享行为，防止技术滥用和隐私泄露，确保技术的健康发展。

（二）搜索引擎领域

搜索引擎是人工智能在法律智能搜索中的核心应用之一。基于自然语言处理、机器学习和深度学习技术，法律智能搜索系统能够高效、准确地从海量法律文本中检索出相关信息。这种技术不仅提高了法律研究和实务工作的效率，还减少了人为错误。人工智能法学在这一领域的研究重点是优化搜索算法，提高搜索结果的准确性和相关性，同时解决数据质量和算法透明度等问题，确保搜索结果的公正性和可信度。

（三）信用评价领域

在信用评价领域，人工智能技术通过数据分析和模型构建，提高了信用评级的准确性和效率。传统的信用评级依赖于人工分析和财务指标，而人工智能技术则能够处理更加复杂和多样化的数据，包括社交媒体行为、网络交易记录等。人工智能法学在这一领域的研究重点在于开发更加科学和公正的信用评价模型，探讨如何保障个人隐私和数据安全，防止信用评价过程中的歧视和偏见。

（四）智慧公司领域

智慧公司是指利用人工智能技术进行企业管理和运营的新型组织形态。在智慧公司中，人工智能技术被广泛应用于财务管理、供应链管理、人力资源管理等方面。人工智能法学在这一领域的研究重点是探讨如何制定适应智慧公司特点的法律法规和政策，保障企业的合法权益，并促进技术的健康发展和公平竞争。

（五）算法行政和智慧警务领域

算法行政和智慧警务是人工智能技术在政府治理和警务工作中的重要应用。通过引入人工智能技术，政府可以提高行政效率、优化资源配置、提高公共服务水平；警务部门则可以实现犯罪预警、智能侦查、智能指挥等功能。然而，这也带来了算法偏见、数据隐私等问题。人工智能法学需要研究如何规范算法的使用和管理，确保算法的公正性和透明度，保护个人隐私和数据安全。

（六）算法合谋领域

算法合谋是指企业通过算法进行价格操纵、市场分割等不正当竞争行为。随着大数据和人工智能技术的普及，算法合谋问题日益突出。人工智能法学在这一领域的研究重点是探讨如何识别和打击算法合谋行为，制定有效的法律规制措施，维护市场竞争秩序和消费者利益。

（七）零工经济领域

零工经济是指利用互联网平台进行短期、灵活的工作形式。在零工经济中，人工智能技术被广泛应用于任务匹配、信用评价、纠纷解决等方面。然而，这也带来了劳动关系认定、社会保障缺失等问题。人工智能法学需要研究如何完善相关法律法规和政策，保障零工经济从业者的合法权益，促进零工经济的健康发展。

（八）社交媒体领域

社交媒体作为信息传播和社交互动的重要平台，其内容和行为受到法律的严格规制。人工智能技术在社交媒体领域的应用包括内容审核、谣言识别、用户行为分析等。人工智能法学需要研究如何制定适应社交媒体特点的法律法规和政策，保护用户隐私和信息安全，打击网络犯罪和不良信息传播行为。

（九）数据治理领域

数据治理是保障数据安全、合规和有效利用的关键环节。在人工智能时代，数据治理的重要性日益凸显。人工智能法学需要研究如何建立科学的数据治理体系，明确数据所有权、使用权和管理权等权利归属问题，制定数据安全标准和隐私保护规范，促进数据的合法、合规和有效利用。

第二节　人工智能法学基本原则

2021年9月25日，国家新一代人工智能治理专业委员会发布了《新一代人工智能伦理规范》，主要目的是将伦理道德融入人工智能发展的全生命周期里，为从事人工智能相关活动的自然人、法人和其他相关机构等提供理论指引。《新一代人工智能伦理规范》提出了增进人类福祉、促进公平正义、保护隐私安全、确保可控可信、强化责任担当、提升伦理素养六项基本伦理要求。人工智能技术的发展，引发了算法设计的偏见及大数据杀熟导致的公平问题和数字时代的数据正义、代码正义、算法正义的问题，智能化时代过度收集个人信息、深度伪造、人脸识别等引发了网络安全、人工智能安全以及信息安全的问题。公平合理原则、正义原则、安全保护原则是人工智能法学的三个重要原则。

一、公平合理原则

随着人工智能技术的发展，算法、算力、大数据对于我们而言已经不再是陌生的存在。人工智能技术的发展使人们在社会保障、教育、医疗等领域获得了更优质的服务。新技术在改变生活的同时也带来了新的风险，人们对于人工智能技术也从一开始的积极拥抱到现在的焦虑担忧。承诺客观、可靠、精准的自动化决策、算法推荐、个性化服务也存在不公平的可能。虽然我们常主张“技术中立”，但实际上技术并没有办法中立。或许研发者、设计者并没有故意制造偏见，但有些偏见是无意识产生的，导致偏见的因素也是多元化的，如历史偏见、采样偏见、评估偏见、社会偏见等。如果再将偏见引入人工智能系统中，将导致严重的不公平对待现象发生。人工智能时代，数据是新的生产要素，也是数字时代最重要的资源。数据是算法的基础，质量不好的数据会有损算法决策的准确性、一致性以及有效性；不具有代表性的数据也会引入偏差影响算法决策的正确性；样本不全的数据分析会导致算法决策片面化和不均衡。

何谓公平，很难对其进行定义。公平是一个抽象和发展的概念，随着时代的发展，具有不同的含义。人工智能法学的公平价值主要包括两个方面：一方面是实质性的公平，另一方面是程序性的公平。实质性的公平指人工智能技术的发展不能对特殊群体或者个人造成歧视或者偏见，人们可以在充分知情的情况下自主自治。2021年11月1日起施行的《中国人民共和国个人信息保护法》（以下简称《个人信息保护法》）是我国在个人信息领域的基本法。《个人信息保护法》第十三条规定，处理个人信息应当取得个人同意，个人同意是处理个人信息的重要的合法性前提。人工智能时代，平台企业有着绝对的信息优势地位，实质性的公平不只是形式地让用户勾选“已阅读”“已同意”的按钮，更是需要摆脱格式条款的控制，使信息主体在充分知情的情况下作出决定。程序性的公平指针对人工智能技术的使用，有能够提出异议或者能够提供救济的程序性措施。《个人信息保护法》在第七章就法律责任进行了专章规定，对行政责任、民事责任以及刑事责任进行了系统性的规定，并为个人信息权益的保护引入了公益诉讼制度，确定了侵害个人信息权益的过错推定归责原则。由于私人主体难以与互联网平台的力量相抗衡，为了更好地保护信息主体的程序性公平利益，当众多个人利益受到侵害时，人民检察院、法律规定的消费者组织以及由国家网信部门确定的组织可以依法向人民法院提起诉讼。

二、正义原则

（一）数据正义

数据不仅是数字时代重要的生产资料，还具有很高的价值，因此成为各大互联网平台竞相争夺的重要资源。数据正义问题由此接踵而至，主要体现在以下两个方面。一是如何确保数据的公平占有与合理使用。由于技术、经济等相关原因，出现了数据鸿沟、数据阶层分化等问题。在日常生活中，很多企业平台利用技术、资金、数据池等优势对大数据进行挖掘。一些商业App存在“不全面授权就不让使用”“利用大数据进行杀熟”等问题。2022年3月，工业和信息化部就互联网企业整改问题召开了行政指导会，强调不得自动或者强制下载App；不得要求用户不下载App就不给看全文；不得以折叠显示、主动弹窗、频繁提示等方式强迫或者误导用户下载、打开App。2021年7月，浙江省作出大数据杀熟第一案的判决，对携程利用已掌握的客户信息进行虚假宣传、价格欺诈和欺骗的行为处以退一赔三的处罚。二是如何指引数据阐释中的价值判断。众所周知，人类决策难以避免地具有主观性，在司法实践中也是如此。人们认为数据的出现在很大程度上可以弥补主观性、偏见等一系列问题，但对于数据的使用很多是利用数据挖掘技术对原始数据进行分类、整理、阐释。数据阐释不仅是一个技术问题，还内含一定的价值判断，潜藏着不同的利益诉求和权利主张，需要构建相应的数据正义观予以指引。

（二）代码正义

随着人类进入智能化、数字化时代，人类的行为和活动越来越无法离开网络。代码世界（网络世界）正在显著改变我们的时空，改变国家、社会和个人，改变生存、活动、利益、安全的概念和方式，技术革命正在不断冲击和影响着人类现有的思维习惯和法律规制的方案[①]。一方面，代码需要受到规制和管控。在网络产生之初，网络成了自由乌托邦主义者的新阵地。他们主张在网络世界中，自由占据统治地位，政府对于网络世界的管理能力有限。在《网络独立宣言》中，他们声称网络空间中没有选举产生的政府，政府也没有获得被统治者的同意。因此他们不欢迎政府，只相信他们不成文的“法典”（编码）。但是事实上，网络空间并不是不可以规制和管控的地带。通过编写代码制定标准就是规制和管控的方式之一。对于代码世界不仅需要依靠技术管理，还需要与法律治理相配合。法律治理应优先于技术治理且技术治理不能突破法律治理的框架和结构。

① 赵精武，丁海俊.论代码的可规制性：计算法律学基础与新发展[J].网络法律评论，2016，19（01）：97-112.

另一方面，代码编写的主观性需要受到抑制。代码编写是一种创造性的活动，因此不可避免地带有程序员的主观价值偏好。

代码作者越来越多地成为立法者，他们决定互联网缺省设置应当是什么，隐私是否应被保护，所允许的匿名程度和所保证的连接范围是怎样的。代码编写的背后代表不同的利益设定和完成目标，而客户却常常处于不能理解与不能选择的弱势地位。因此，实现代码正义的前提和基础是抑制代码编写中程序员的主观价值偏好。

（三）算法正义

在智能互联网时代，我们的生活几乎无法离开算法决策。各种网络服务平台决定着我们每天的行为，如策划上班的路线、推送新闻热点、推荐产品服务，我们在网络上的每一次搜索行为、交易行为都留下了痕迹。各种网络商家会通过收集的“大数据”，利用算法分析客户的购物习惯、偏向喜好，然后定向推送商品。一方面，存在算法偏见或歧视。各大互联网平台企业充分运用算法对用户进行个性化推送。在“私人定制”过程中，算法看似客观、精准、可靠的外表下隐藏着算法偏见或算法歧视。例如，用户在使用打车软件、购买车票、订购酒店的时候遭遇的大数据杀熟；Facebook 运用算法投放广告，招聘护士、秘书的广告优先推荐给女性，招聘司机、门卫的广告优先推荐给男性。人脸识别技术的算法霸权、算法黑箱可能导致少数群体遭受歧视、偏见，人脸识别技术对有色人种、女性、移民等群体的识别具有算法偏见或歧视的情况。另一方面，存在算法错误。美国国家标准与技术研究院的一份研究表明，不同开发者的算法精确度不同。经研究评估发现，在一对一的匹配中，亚洲与非洲裔美国人比白种人的人脸图像取伪错误率更高；在一对多的匹配中，非洲裔美国女性的取伪错误率较高。众多算法交互运行的过程无法确保算法的准确性，一旦算法作出了错误的决定，人们将在毫无知觉的情况下被动地接受这种不公平的算法错误。算法错误会导致严重的不公平以及侵犯公民权利的行为发生，因此，需要规制算法错误，实现算法正义。

三、安全保护原则

在我国2022年的两会中，网络安全是备受关注的议题，产生了关于推进智能汽车网络安全强制测试的提案，强化互联网平台数据开放共享及安全监督的提案，加强未成年人网络安全教育的提案，推动平台、网络、安全等基础共性标准的建设提案，建立数据治理委员会、加强数据资源流通安全性的提案。我国2022年《网络安全审查办法》根据《中华人民共和国国家安全法》、《中华人民共和国网络安全法》（以下简称《网络安全法》）、《中华人民共和国数据安全法》（以下简称《数据安全法》）、《关键信息基础设施安全保护条例》等法规，就网络安全审查范围、审查程序等内容进行了修订。该办法明确指出，掌握超过100万用户个人信息的网络平台运营者赴国外上市，必须向网络安全审查办公室申报。欧盟新版的《网络安全法》于2019年6月27日施行，是继《通用数据保护条例》之后又一项数据法律方面的顶层设计，就欧盟网络安全局的职能和任务进行了重新定位，就网络安全认证等事项进行了具体规定。美国《网络安全框架1.1》从现行有效的标准、指南和实践中，试图为解决网络安全问题提供一种灵活的方法以及共同的组织框架。

2021年6月，我国《数据安全法》颁布，共分为七章。《数据安全法》是我国第一部聚焦数据安全的法律，回应了数据安全、网络安全的新问题和新挑战。《数据安全法》考虑了数据安全与数据发展两大需求，两者不可偏废。《数据安全法》具有以下几个亮点：其一，强调建立数据安全协作机制，主张政府强力规制、平台自我规制、行业协会自律的合作治理模式，体现了从管理向治理的转变。其二，强调数据安全与发展的平衡，第二章对数据安全与发展进行专章规定，强调了国家统筹发展和安全的国家战略。其三，为了应对美国、欧盟的“长臂管辖”，增强了中国法律的域外效力。对于重要数据的跨境作出了新的规定，对于关键信息基础设施运营者收集的重要数据的出境适用我国《网络安全法》的相关规定，其他数据处理者收集的重要数据的出境由网信部门会同国务院有关部门制定办法。对于境外司法或执法机关调取数据的，需要经过我国主管机关批准，未经批准提供数据的企业和个人都要承担相应的责任。其四，确保了中央国家安全领导机构的数据安全保护职能，规定了国家确立和制定重要数据的目录及各地区、各部门根据相关行业和领域细化具体的目录，并指出对国家核心数据实行更加严格的管理制度，体现了我国数据分级分类的管理思路。

第三节 人工智能法学的实践应用

本节将通过鲍瑟曼诉事业保险局案这一案例，探讨人工智能法学在实际应用中的具体作用与影响。

一、案件提要

本案是有关算法透明度和技术正当程序的经典案件。算法在政府自动化决策中的系统性失误直接引发了该案。这一上诉源于原告向被告失业保险局（Unemployment Insurance Agency，UIA）申请失业救济而对被告提起的集体诉讼。2015年9月9日，原告鲍瑟曼（Bauserman）等人向索赔法院提起集体诉讼，指控被告利用自动化决策系统来检测和裁定涉嫌雇佣福利欺诈（Michigan Integrated Data Automated System，MIDAS），剥夺了失业保险局索赔人的正当程序性权利及公平公正的待遇。"密歇根综合数据自动化系统"由密歇根州政府从第三方供应商处采购，可自动检测个人记录中的数据异常，并作为个人非法行为的证据，用于对福利欺诈进行裁决和处罚。2013年10月至2015年8月，该系统对超过4 000名密歇根州居民作出了其涉嫌欺诈的错误认定[①]。本案中，失业保险局在未发出通知的情况下确定当事人有罪，且没有对当事人有罪的认定进行证明，没有在实施制裁之前给原告听取其证词的机会。此外，确定鲍瑟曼在失业救济金方面有欺诈行为之后，在未通知鲍瑟曼具体的指控理由、没有提供60天举证期、没有提供举证机会、没有按照联邦法律和密歇根州宪法要求的通知且没有经过其他正当程序的情况下，被告没收了鲍瑟曼的财产。

本案经数次上诉，对正当程序与算法透明度等问题进行了探讨，对立法、司法、公共政策及公民认知都具有一定的启发意义，对于理解算法透明度、算法问责、正当程序等具有重要意义。在算法日益发展并普及、准确性与便捷性稳步提升的社会背景下，人机互动形成了对自动化的过度依赖，即自动化偏见[②]。与针对特定对象的个性化应用所带来的可控风险不同，类似于本案中算法的"公共性"应用更容易带来深层次、跨领域的风险[③]。算法裁决错误将给公民权利带来

① 陆凯.美国算法治理政策与实施进路[J].环球法律评论，2020，42（03）：5-26.

② 汪庆华.算法透明的多重维度和算法问责[J].比较法研究，2020（06）：163-173.

③ 孙清白.人工智能算法的"公共性"应用风险及其二元规制[J].行政法学研究，2020（04）：58-66.

系统性侵害。算法应用的普及对现有法律的适用提出了新的要求，传统上用于限制公权力行使的法律规则难以有效适用，有效约束算法权力的监管制度的缺位仍是当前面临的现实困境。

破解“算法黑箱”是应对算法操控者借由“数字鸿沟”“算法权力”肆意扩大影响力的前提，其中算法透明与算法问责规则的设立将会成为促进决策信息有效披露的强力保障。2016年，纽约市尝试通过立法强制政府机构披露源代码。

2018年，纽约市提出《算法问责法》，要求在公共事业领域中使用自动化决策需进行影响评估。2019年，美国参议员科瑞·库克和罗恩·韦登提出《算法问责法（草案）》，要求对算法进行系统评估。欧盟《通用数据保护条例》第13条至第15条规定了数据主体应当获得自动化决策逻辑的相关信息。第35条则为数据控制者设定了数据保护影响评估的义务，要求其对数据处理风险进行评估和控制。美国《公平信用报告法》和《信用机会平等法》都规定了“不利行动告知”（adverse action notice）条款。FCRA还要求消费者报告机构使用合理的程序、对消费者公平公正的方法，保密、准确、中肯而适当地使用消费者信息。2020年1月，美国白宫发布的《人工智能应用监管指南》提出：透明度和信息披露除了有助于改进规则制定流程外，还可以提高公众对应用程序的信任和信心。政府行政机关应当建立适当的审查机制，寻找技术创新与技术信赖之间的平衡。2020年10月21日，我国全国人大常委会公布了《个人信息保护法》，对自动化决策透明度及处理结果的公平合理提出要求。《个人信息保护法》第七条规定：“处理个人信息应当遵循公开、透明原则，公开个人信息处理规则，明示处理的目的、方式和范围。”第二十四条规定：“……利用个人信息进行自动化决策，应当保证决策的透明度和结果公平、公正……通过自动化决策方式作出对个人权益有重大影响的决定，个人有权要求个人信息处理者予以说明，并有权拒绝个人信息处理者仅通过自动化决策的方式作出决定。”这些都是在算法日益普及的态势下，为保护个体权利和完善算法问责制度所做出的一种立法努力。[①]此外，在算法备案、技术规制等方面进行有益尝试，也是算法治理的可行方向。

① 程莹.元规制模式下的数据保护与算法规制——以欧盟《通用数据保护条例》为研究样本[J].法律科学（西北政法大学学报），2019，37（04）：48-55.

二、案件要旨

密歇根州法院（初审法院）：

原告：鲍瑟曼、卡尔·威廉、泰迪·布罗

被告：失业保险局

密歇根州上诉法院（上诉法院）：

上诉方：失业保险局

被上诉方：鲍瑟曼、卡尔·威廉、泰迪·布罗

密歇根州最高法院（上诉法院）：

上诉方：鲍瑟曼、卡尔·威廉、泰迪·布罗

被上诉方：失业保险局

密歇根州上诉法院（重审法院）：

上诉方：鲍瑟曼、卡尔·威廉、泰迪·布罗

被上诉方：失业保险局

密歇根州最高法院（上诉法院）：

上诉方：失业保险局

被上诉方：鲍瑟曼、卡尔·威廉、泰迪·布罗

2013年10月至2014年3月29日，鲍瑟曼从失业保险局领着失业救济金。被告失业保险局因鲍瑟曼从他的前雇主那里收到了一笔款项而认定其涉嫌欺诈，这笔款项是他在2013年受雇于前雇主期间获得的“延期支付按比例分配的2013年奖金”。其后，被告向鲍瑟曼及其前雇主发出问卷调查此事。虽然鲍瑟曼和他的前雇主最终回复了被告的询问，但被告仍不清楚鲍瑟曼前雇主所支付款项的性质。根据投诉，被告随后认定其向鲍瑟曼多支付了失业救济金，并评估了罚款和利息。鲍瑟曼收到了“不合格判定”和“欺诈重新判定”的通知，还被告知与之相关的惩罚措施将包括拦截州所得税退税、拦截联邦退税、没收工资，以及通过法庭进行合法的征收活动。鲍瑟曼声称，案件中来自其前雇主的争议款项是他的奖金，且在他收到奖金时仍然受雇于他的前雇主，鲍瑟曼就这一主张对被告发送了通知。被告在收到通知后，对先前认定“鲍瑟曼没有申请失业福利的资格以及他从事了欺诈行为”的判断进行了重新考虑。

2015年9月9日，鲍瑟曼等人向索赔法院提起集体诉讼，指控被告利用自动

化决策系统来检测和裁定涉嫌雇佣福利欺诈的事件。鲍瑟曼进一步声称，被告的自动化决策系统“密歇根综合数据自动化系统”剥夺了失业保险局请求权人的正当程序性权利及公平公正的待遇。申诉称，确定鲍瑟曼在失业救济金方面有欺诈行为之后，在未通知鲍瑟曼具体的指控理由、未提供60天举证期、未提供举证机会、未按照联邦法律和密歇根州宪法要求的通知且未经过其他正当程序的情况下，被告没收了鲍瑟曼的财产。

2015年10月19日，原告首次提出修改申诉，除鲍瑟曼外，威廉和布罗也加入诉讼成为原告。在上诉中，被告辩称，如果原告的索赔要求没有按照管辖规定提出，则审判法院驳回其即决处理动议是错误的。法院支持了被告的这一主张。

法院指出，正当程序的一项基本要求是，在剥夺生命、自由或财产之前，索赔人的意见应当在一个合理的时间、以合理的方式被听取。本案的原告错误地将焦点放在了违反正当程序的潜在后果上，即剥夺他们的财产，而不是放在经正当程序获得索赔的特征、知情权以及被审理的机会上。通过利用自动化决策系统来检测和确定欺诈案件，自动化决策过程中的计算机代码包含用于确定索赔人有罪的规则，这些规则改变了犯罪的实质性标准，且不符合正当程序的要求。初审法院未能适当考虑原告何时受到伤害，而是将其重点放在了结论上，即原告是否确实从事欺诈活动是其“索赔决定的固有要素”。因此法院撤销了其决定。

2019年4月，密歇根州最高法院对上诉进行了审理，对原审判决部分确认、部分撤销，同时在判决书中指出：（1）引起向政府机构寻求金钱救济的诉讼事由、触发向政府机构发出通知的6个月期限的事件的发生，与该等索赔发生时，并无实质区别；（2）寻求金钱救济的索赔自原告被剥夺财产之日起产生，而非自原告被剥夺诉讼程序之日起产生；（3）对于特定索赔人，正当程序索赔应从机构截获索赔人在联邦和州所得税退税时起计算；（4）至于另一名索赔人，正当程序索赔日期从机构扣发索赔人的工资时起计算。

2019年12月，密歇根州上诉法院肯定原审判决，并指出：（1）机构使用自动化决策系统是政府机构的既定做法；（2）索赔人就违反正当程序条款提出了明确的索赔要求；（3）行政程序没有为索赔人提供寻求所需救济的途径；（4）代理机构被指控行为的不可靠程度可支持法院对损害救济的论证与推理。

2020 年 11 月，密歇根州最高法院决定就失业保险局提起的上诉安排口头辩论。

2020年12月，密歇根州最高法院批准了上诉人失业保险局关于延长提交补充书状时间的动议。

2021年3月，密歇根州最高法院批准了被上诉人鲍瑟曼等关于延长提交补充书状时间的动议。

2021年4月，密歇根州最高法院批准了被上诉人鲍瑟曼等关于延长提交补充书状时间的第二项、第三项动议。

2021年4月，密歇根州最高法院批准了上诉人失业保险局关于延长提交补充书状时间的动议。

2021年10月，密歇根州最高法院批准了密歇根州司法协会关于将书状提交给法庭之友的动议，提交给法庭之友的书状被接受。

三、核心争议点

被告失业保险局在没有经过正当法律程序的情况下剥夺他人财产的行为是否违反了宪法有关正当程序的规定。

四、裁判论证过程

（一）失业保险局违反了正当程序的有关规定

密歇根州失业保险局通过不当拦截税收返还、扣押工资和强迫偿还等行为，侵犯了原告和集体成员的权利。

（1）未提供所要求的取消资格的必要通知。

（2）没有为索赔人提供至少60天的举证时间。

（3）未考虑事实依据，或不赞成或不支持发现犯罪行为的证据。

（4）未举办听证会。

（5）没有为索赔人提供在合理的时间以合理的方式发表意见的机会。

（6）通过利用自动化决策系统检测和确定欺诈案件，使自动化决策过程中的计算机代码包含用于确定索赔人有罪的规则，这些规则改变了有罪或无罪的实质性标准，与正当程序的要求不一致。

（7）通过例行与大规模的评估罚款收取罚款利息，以及使用授权的方法不当收取罚款，被告失业保险局制定的政府政策违反了《密歇根州宪法》中有关正当程序和公平待遇的规定。

具体而言：

（1）失业保险局在未进行充分通知和提供听证机会的情况下，扣押当事人财产并从事非法收款的行为违反了正当程序原则。

正当程序条款禁止国家在未遵循正当法律程序的情况下剥夺一个人的生命、自由或财产。正当程序条款保障了当事人“获得有意义的听证机会”的绝对权利，以及在被剥夺个人财产之前发表意见的机会。

（2）失业保险局在未进行通知的情况下，采用自动欺诈检测系统判定当事人有罪违反了正当程序原则。

在本案中，原告鲍瑟曼等人声称失业保险局大规模非法截获了他们在州和联邦层面的退税，并扣押其工资，以及强迫他们偿还合法取得的失业救济金。

原告经修订的申诉进一步指称，失业保险局违反州法律，对领取失业救济金的个人施加不当处罚，并收取未经州法律授权的利息。该机构在没有提供“取消失业救济金资格的必要通知”或举办听证会、不允许原告通过辩护提出证据的情况下，通过使用计算机系统启动自动化过程检测和认定欺诈案件，导致原告被取消领取福利的资格、受到处罚并遭到刑事起诉，违反了正当程序原则。

（二）现行法律未为当事人提供有效救济途径

虽然《密歇根州就业保障法》规定的程序为原告提供了质疑失业保险局关于其失业救济金决定的方法，但它并没有为原告提供适当的救济途径，以质疑该机构系统性剥夺其正当程序权利的行为，也没有为原告提供以金钱救济形式寻求补救的途径。

五、审理结果

（1）初审法院驳回了失业保险局关于即决处置的动议。

（2）密歇根州上诉法院撤销初审法院驳回即决处置动议的决定，失业保险局可根据《密歇根州法院规则》第7节第219条的规定对费用征税。

（3）密歇根州最高法院对原审判决部分确认、部分撤销，并发回重审。

（4）密歇根州上诉法院确认了原审判决。

（5）密歇根州最高法院决定就失业保险局提出的上诉安排口头辩论。

（6）密歇根州最高法院分别批准了双方关于延长提交补充书状时间等动议。

（7）此案仍在上诉审理中，有待进一步完善。

六、相关法条

《密歇根州法律汇编》第421节（《密歇根州就业保障法》）第48条第l款

Michigan Employment Security Act，Michigan Compiled Laws § 421.48（1）

个人在没有提供任何服务且未获得支付报酬的任何一周内，或支付给该个人的报酬低于其每周福利率的1到1/2的情况下，应被视为失业者。例外情况是在新增第15a条的修正法案生效之日起至2015年10月1日之前，如果支付给个人的薪酬低于其每周福利率的1到3/5，则任何一周或更短时间内的全职工作都将被视为失业。但是，个人在任何一周内因雇佣单位未能提供全职、定期雇用以外的任何原因而产生的任何报酬损失，应作为本条及第27条（c）款规定的报酬而被列入。损失的报酬总额按照失业机构的规定确定。就本法而言，个人的每周福利率是指根据第27条（b）款确定的每周福利率。

《密歇根州法律汇编》第600节（《1961年司法法修订案》）第6431条

Revised Judicature Act of l961，Michigan Compiled Laws § 600.6431

（1）除本节另有规定外，不得主张针对本州的索赔，除非索赔人在索赔产生后的1年内向索赔法院书记员办公室提交书面索赔通知，或向该州或其任何部门、委员会或机构提出索赔的书面通知。

（2）第（1）款下的索赔或通知必须包含以下所有事项：

①对索赔发生的时间和地点的说明。

②详细说明索赔的性质，以及其所指控或声称遭受损害的项目。

③指定与索赔有关的任何国家部门、委员会或机构。

④索赔人在有权管理宣誓的军官面前签字并核实。

（3）索赔人应在向总检察长和本州各部门、委员会、赔偿请求或通知书中指定的机构提交说明性复函时，根据第（1）款向书记员提交赔偿请求或通知书的副本。

（4）针对本国的财产损害或人身伤害提出索赔请求，索赔人应在导致索赔的事件发生后6个月内，根据第（1）款向索赔法院的书记员提出索赔请求或通知。

（5）本节不适用于根据《非法监禁赔偿法》（《密歇根州法律汇编》第691节第l751条至第1757条）提出的赔偿请求。

《密歇根州法院规则》第7节第219条（节选）

Michigan Court Rules § 7.219

（1）获得费用的权利。除非上诉法院另有指示，否则民事案件的胜诉方有权要求对方承担费用。

（2）申请时间。当事人自发出处分令、意见或拒绝复议令之日起28天内，须向书记员送交经核证的诉讼费单，并将副本送达其他当事人。账单上的每一项都必须注明。未在规定期限内提交诉讼费单的，视为放弃取得诉讼费的权利。

（3）异议。任何其他方可于账单副本送达后7天内向书记员提出对费用单的异议。反对方必须将反对意见的副本送达胜诉方，并提出该送达的证明。

（4）征税。书记员应及时核实账单，并按允许的费用征税。

（5）复核。上诉法院会根据任何一方自课税日期起7天内提出的动议复核诉讼，但在复核时，只有先前向书记员提出的誓章或反对意见才可获得法庭的考虑。

（6）应税费用。胜诉方只能对上诉法院发生的合理费用征税。

《密歇根州法律汇编》第600节（《1961年司法法修订案》）第5827条

Revised Judicature Act of l961，Michigan Compiled Laws § 600.5827

除非另有明确规定，限制期从索赔产生之时起计算。索赔应于第5829条至第5838条规定的时间发生，在这些条款未涵盖的情况下，无论损害何时发生，索赔的依据都是错误的。

七、案例评析

（一）本案推动了算法行政问责制的出台

“密歇根综合数据自动化系统”是本案中的被告失业保险局使用的自动信息系统，其用于向雇主征收失业税，并向符合条件的申请人支付失业福利保险。

“地面数字多媒体广播”（Digital Terrestrial Multimedia Broadcast，DTMB）承包了“密歇根综合数据自动化系统”的设计和配置，以实现取代已有30年历史的大型机系统的目标。“密歇根综合数据自动化系统”宣称其功能包括改善客户服务、提高数据准确性、改善数据安全和隐私、降低运营成本、提高自动化程度等。显然，针对失业保险局“密歇根综合数据自动化系统”激增的诉讼数量证明，在其提高自动化程度的同时，“密歇根综合数据自动化系统”未能达到其宣称的提高数据准确性、改善客户服务的目标。本案牵涉34 000位密歇根州失业人员，与此同时，欺诈行为的不当认定和施加罚款为失业保险局带来了巨额资金。在一年多时间内，失业保险局的收入从300万美元增加到了6 900万美元。

“密歇根综合数据自动化系统”缺乏人工审查，且在接收到内部早期预警之后仍拒绝更正，使得该州大量失业人员遭受了财产损失、信誉与声誉受损、破产以及房屋被抵押、赎回权被取消等不利后果。与以往因算法而引起争议的案件相类似，“密歇根综合数据自动化系统”的开发公司拒绝公开其算法，受“密歇根综合数据自动化系统”欺诈指控的失业人员常在疑惑之时想要通过电话咨询失业保险局，却屡次发现电话无法接通，等到电话接通时却被告知已经错过30天的上诉期限。面对政府自动化系统引起的巨大争议，密歇根州同意修改州失业法，并且同意设立“密歇根综合数据自动化系统”受害者补偿基金。2017年，密歇根州通过了一项法律，通过改进欺诈指控通知和降低罚款来预防此类灾难性事件的发生。

与此同时，美国通过引入外部监督机构来进行算法问责。密歇根州针对“密歇根综合数据自动化系统”出具的审计报告显示：失业保险局目前的安全管理计划无法对“密歇根综合数据自动化系统”进行有效控制。欧盟《通用数据保护条例》通过赋予个体异议权来保障数据主体的正当程序权利，其中第3章第4条规定：如果控制者没有采取相应的行动来对数据主体的请求做出回应，那么对于其在收到请求后一个月内未能采取行动的具体原因，控制者应及时告知该数据主体，同时告知该数据主体可向监管机构提出申诉，寻求司法救济。

目前各国算法行政相关规则供给不足，导致现有法律难以应对复杂多变的算法问题，算法问责制度的建立与完善势在必行。

（二）本案警示了集体诉讼对纠正政府自动化系统错误的重要性

“密歇根综合数据自动化系统”欺诈指控的内部审计报告中指出：失业保险局没有完全采用全面的安全管理程序，以确保“密歇根综合数据自动化系统”

的安全性；没有充分分析和审查“密歇根综合数据自动化系统”的数据，以帮助确定需要进一步审查的失业保险福利支出。针对审计报告中指出的问题，失业保险局同意在未经人工审查的情况下不再使用自动化系统，同时同意推翻其在2013年至2015年发出的其他错误指控。本案对政府权力行使具有警示意义：算法系统对立法、行政与司法的影响与日俱增。现代行政国迈向算法行政国。代码驱动下的智能行政与政府决策仍需遵循比例原则等基本要求。人工智能技术的发展无疑有助于提高行政效率，但自动化决策必须在必要的时刻、以合适的手段、在可进行充分解释和审查的限度内行使，赋予自动化决策以正当性和说服力。本案对数字化时代公民积极运用法律武器维护自身合法权益与公民权利救济也具有启发意义。在人工智能时代，信息传播速度加快、政策影响范围扩展，较之于传统的行政决策，自动化决策对公民权益的影响更具直接性和广泛性。算法黑箱、决策系统中嵌含的非理性因素，以及决策执行中可能存在的不当性等现象警示着应对公民实现更高程度的法律保护。通过集体诉讼来实现权利救济是一个十分必要且有意义的救济渠道。

（三）引发有关算法行政和公共事业领域算法审计制度的探讨

“鲍瑟曼诉失业保险局案”并非公共事业领域算法应用存在严重失误的唯一案例。相较于私人部门，政府所应用的算法与自动化决策系统涉及的范围更为广泛，影响更为深远。公共事业领域算法广泛应用于刑事司法、保险、金融、税务、福利分配等决定公民生活乃至生存的重要领域，其监管却时常处于空白地带。受本案中“密歇根综合数据自动化系统”影响的失业人员在后续就业、退税、财产安全与人身安全上持续遭受不公正对待。被诬告欺诈的当事人，不仅将面临更加艰难的就业处境，还要通过长时间的诉讼程序来维护自身名誉、救济正当权益。

美国人工智能研究机构AI NOW研究所发布的研究报告指出，采用算法决策系统的政府机构认为该方法可以节省成本、促进标准化，而这些算法通常针对被认为“最弱势”的人群，其中包括在政治、社会和经济上处于最边缘地位的群体。然而这些机构往往未能对这类制度的真实成本和收益进行严格评估和审查，特别是未实施影响评估。失业保险局在一年内收入的明显变化，清晰地指向了一个事实：在真实从事欺诈行为的失业人数始终仅占据总失业人口较小比重的情况下，短期内涉及失业欺诈的人数增长至未使用“密歇根综合数据自动化系统”前的5倍，罚款金额异常增多，其应用的自动化系统正错误地将未从事欺诈的失业人员归类于涉嫌福利欺诈人群。

而后针对失业保险局错误认定欺诈人员的审计工作也印证了这一事实。在进行算法审查后，审查涉及的2.2万项“密歇根综合数据自动化系统”欺诈指控中，几乎所有指控都是错误的（该机构还审查了另一组欺诈指控，并进行了一定程度的人工审查，但错误率仍高达44%）。

（四）本案后续的一些最新进展

本案引发了有关算法行政正当程序的争论。因本案涉及近34 000名失业人员，该案同时引发了研究人员对于“密歇根综合数据自动化系统”通过算法生成大量欺诈指控现象的关注。尽管64%的欺诈指控正在行政法院的上诉中被审查或被推翻，但失业保险局仍顽固地抵抗对“密歇根综合数据自动化系统”（以及它所产生的用于支付国家支出的所有“盈余资金”）发出的内部警告。这些警告指出，“密歇根综合数据自动化系统”在认定欺诈行为上存在错误。在联邦政府与州政府的压力下，失业保险局终于决定于2015年9月停止使用“密歇根综合数据自动化系统”，并进行完全自动化欺诈评估。

2020年初，参与密歇根州集体诉讼的律师呼吁成立特别工作组，监督州政府运用的所有算法与自动化系统。美国其他州也相继成立了类似的特别工作组，以监督公共事业领域内自动化决策系统与算法的应用。

第六章　刑法学

第一节　刑法概述

一、刑法的概念

刑法是规定什么是犯罪以及对犯罪如何进行处罚的法律。

刑法有广义与狭义之分。广义刑法是一切刑事法律规范的总称；狭义刑法仅指刑法典，在中国即《中华人民共和国刑法》。与广义刑法、狭义刑法相联系的，刑法还可区分为普通刑法和特别刑法。普通刑法指具有普遍适用效力的刑法，实际上即指刑法典。特别刑法指仅适用于特定的人、时、地、事（犯罪）的刑法，在中国也叫单行刑法和附属刑法。

刑法作为维护社会秩序的工具，一方面直接反映了统治阶级的意志，另一方面是社会共同利益的体现，即生活在社会中的每一个人，都要遵守一定的行为规范，不得肆意侵害他人利益和社会公共利益。

中国先后制定了《中华人民共和国刑法》《中华人民共和国反间谍法》《中华人民共和国反有组织犯罪法》《中华人民共和国反电信网络诈骗法》等，这些构成了广义上的刑法。

二、刑法的种类

刑法是法律的一个重要内容，它是国家对犯罪行为采取的制裁手段。它不仅规范了个人的行为，而且起到了引导和预防的作用。故而，了解和研究刑法种类以及它们的具体内容，对于社会的维护和发展，毋庸讳言具有重要意义。

一般来说，刑法可以分为四大类，分别是民法刑法、行政刑法、国际刑法和军事刑法。

民法刑法是指针对个人或团体侵犯公民的一般法律权利，即侵犯宪法、法律、行政法规所规定的公民的一般法律权利的行为，以及侵犯个人或集体财产权利或损害他人财产的行为而制定的法律，称为民法刑法，它是我国普遍认可的刑法种类。民法刑法规定了公民受到侵害是受保护的，任何侵犯公民的行为都受到法律的惩罚。

行政刑法是指针对政府机关或其他行政机构违反国家有关规定而行使职权，或者违反国家有关规定而侵害公民民生权利的行为而制定的法律，称为行政刑法。行政刑法旨在维护公民的合法权利，保护公众的合法利益，维护社会秩序和公共秩序。例如，公民受到行政机构不正当行使职权侵害时，可依据行政刑法进行起诉。

国际刑法是指针对国家间侵犯社会秩序的行为而制定的法律，称为国际刑法。国际刑法旨在保护国家的人民，保护国际社会的和平与稳定，维护各国社会秩序，平衡不同国家利益，预防国际战争，限制军事力量的使用。例如，国家间的反恐怖主义行动，国际反贩毒行动和反犯罪行动等，均受到国际刑法的约束。

军事刑法是指针对军人违反军事纪律或法律，或在进行军事行动时违反战争规则，从而导致犯罪或过失的行为所制定的法律，称为军事刑法。每个国家的军事刑法均有自己的特点，但大体上都是要求军人的忠诚和尊重军事纪律，规范军人的行为，严肃处理军人违反纪律和法律的行为，一旦发现军人的犯罪行为，将以法律制裁作为处理手段。

总之，刑法是国家对犯罪行为采取措施的一种手段，它旨在维护公民的权利、维护社会秩序、预防犯罪，以此来保护全体公民的利益。只有严格遵守刑法，社会才能有序发展，否则将会给公民和社会带来灾难性的后果。因此，每个国家都应重视刑法的制定和实施，并将刑法的内容和实施纳入全面的司法改革，以提高司法公正性。

三、刑法的任务

刑法规定的任务，是由中国社会主义的性质和法治建设的要求决定的。具体可分为以下几个方面。

（一）惩罚犯罪

对触犯刑法所规定的任何犯罪行为，都要依照刑法的规定予以追究，对犯罪分子判处一定的刑罚，使其受到应有的法律制裁。通过惩罚犯罪分子，一方面可将犯罪分子改造过来，另一方面对社会起到警示、教育作用，达到维护社会正义、减少犯罪、预防犯罪的目的。

（二）保卫国家安全、巩固国家政权

国家安全和政权稳固是中国改革开放和进行社会主义现代化建设的基本前提和保证。作为同犯罪行为作斗争的刑法，其首要任务应当针对那些危害国家主权和安全、分裂国家、颠覆政府、武装叛乱、暴乱、间谍等严重危害国家安全和破坏社会主义制度的犯罪行为。这是刑法阶级性的集中表现。在中国刑法分则中，第一章就规定了“危害国家安全罪”。该章总结了中华人民共和国成立以来同这类犯罪作斗争的经验，对各种危害国家安全的犯罪行为及其处罚作了明确的规定。

（三）保护国家、集体、公民的财产

国家所有的财产和劳动群众集体所有的财产，是社会主义的公共财产，是社会主义的物质基础，是进行现代化建设的物质保证。公民个人的财产，是公民生活、从事生产等活动所必需的物质条件。因此，中国宪法规定，社会主义公共财产神圣不可侵犯。国家保护公民的合法收入、储蓄等其他合法财产。刑法根据宪法的规定，将保护公共财产和公民个人所有的财产作为刑法的任务之一，这对于维护国家的经济基础，保护个人合法财产，具有重要的意义。

（四）保护公民的人身权利、民主权利和其他权利

我国宪法规定了公民的各项基本权利，包括公民的生命、健康、人身自由等方面的权利，公民依照法律参加国家管理和政治生活等各项民主权利，以及劳动、学习、创作等相关权利。为了同各种侵犯公民人身权利、民主权利和其他权利的犯罪行为作斗争，刑法对这一类犯罪及其处罚作了比较具体的规定，对于维护公民的合法权益具有重要作用。

（五）维护社会秩序

社会秩序的范围是很广的，包括社会的政治、经济、生产、工作、学习、

科研等各方面的正常秩序。刑法规定了各种犯罪，尽管犯罪所针对的对象、行为表现形式各有不同，但归根结底都是对社会秩序的破坏。有些犯罪，直接目的就是扰乱一定的社会秩序。运用刑法打击犯罪、惩罚犯罪，最终目的是维护社会秩序，保持社会的稳定，实现刑法的目的。

四、刑法的功能

刑法具有以下三种功能。

（1）行为规制功能，指刑法具有使对犯罪行为的规范评价得以明确的功能。其具体内容为：刑法将一定的行为规定为犯罪并给予刑罚处罚，表明该行为在法律上是无价值的（评价的功能）；同时命令人们做出不实施这种犯罪行为的内心意思决定（决定的功能）。

（2）法益保护功能，指刑法具有保护法益不受犯罪侵害与威胁的功能。犯罪是侵害或威胁法益的行为，刑法禁止和惩罚犯罪，是为了保护法益。

（3）自由保障功能，指刑法具有保障公民个人自由不受国家刑罚权不当侵害的功能。根据罪刑法定原则，只要行为人的行为不构成刑法所规定的犯罪，他就不受刑罚处罚，这便限制了国家对刑罚权的发动；对犯罪人也只能根据刑法的规定给予处罚，不得超出刑法规定的范围科处刑罚，这便保障了犯罪人免受不恰当的刑罚处罚。因此，刑法既是“善良人的大宪章”，又是“犯罪人的大宪章”。

五、刑法的原则

（一）罪刑法定原则

罪刑法定原则是指犯罪及其刑罚都必须由法律明确规定，通常用一句话概括本原则：“法无明文规定不为罪，法无明文规定不处罚。”具体内容就是刑法第三条的规定，“法律明文规定为犯罪行为的，依照法律定罪处刑；法律没有明文规定为犯罪行为的，不得定罪处刑”。

罪刑法定原则要求如下。

（1）司法机关必须以事实为根据，以法律为准绳，认真把握犯罪的本质和具体的构成要件，严格区分罪与非罪、此罪与彼罪的界限，定性准确，量刑适当，不枉不纵。

（2）司法解释不能违背刑事立法的意图，不能代替立法法。

罪刑法定原则的内容如下。

（1）排斥习惯法。罪刑法定原则要求犯罪与刑罚均由法律明文规定，因此，刑法必须是成文法，习惯法不能成为刑法的法源。

（2）禁止溯及既往。罪刑法定主义要求刑法只能对其施行以后的犯罪适用，不能对其施行以前的犯罪适用。

（3）禁止类推解释。类推解释是指对于无明文规定的事项，比附援引与行为性质最相似的条文而予以处罚。类推解释允许法官根据相似的刑法条文，随意入罪，以无为有，以轻为重，当然与罪刑法定原则相违背，因此，罪刑法定原则必定禁止类推解释。

（4）禁止绝对的不定期刑。罪刑法定原则要求对犯罪处以什么样的刑罚由法律明文规定，禁止绝对的不定期刑的刑罚，以防止法官的专横擅断。

（5）刑罚法规的适当，指刑罚法规规定的犯罪和刑罚都应是适当的。

（6）明确性原则。罪刑法定原则要求对什么是犯罪以及对犯罪处以何种刑罚由刑法条文明确予以规定。

（二）罪刑相适应原则

罪刑相适应原则，不仅体现了法律的公正与理性，也是法治精神的重要体现。这一原则深刻地揭示了犯罪与刑罚之间的内在联系，即犯罪的社会危害性与刑罚的严厉性之间应当保持一种平衡与相称的关系，确保“犯多大的罪，便应当承担多大的刑事责任，就判处轻重相当的刑罚”。

1.内涵

罪刑相适应原则，其核心在于“相适应”三字，它要求法律在评价犯罪行为时，必须综合考虑犯罪的性质、情节、社会危害程度以及犯罪分子的主观恶性等因素，从而确定与之相匹配的刑罚幅度。简而言之，就是重罪重罚，轻罪轻罚，既不让犯罪者逃脱应有的惩罚，也不使其承受超出其罪行的严厉制裁，实现罪与刑的精准对接。

这一原则不仅是对犯罪行为的客观评价，更是对司法公正的直接体现。它避免了刑罚的任意性和不公正性，确保了法律面前人人平等，无论是谁，只要触犯了法律，就必须接受与其罪行相适应的惩罚，没有例外。

2.内容

（1）刑罚的轻重应当与犯罪分子所犯罪行相适应。这是罪刑相适应原则的基本内容之一，也是其核心所在。它要求司法机关在量刑时，必须准确认定犯罪的性质、事实、情节以及造成的社会危害后果。对于性质恶劣、情节严重、社会危害性大的犯罪，应当从重处罚；反之，对于情节较轻、社会危害性较小的犯罪，则应从轻或减轻处罚。这种量刑方式，既体现了对犯罪行为的客观评价，也体现了法律的公正与威严。

（2）刑罚的轻重应当与犯罪分子的人身危险性相适应。除了犯罪行为本身外，犯罪分子的人身危险性也是量刑时必须考虑的重要因素。人身危险性，即犯罪分子再次犯罪的可能性，它反映了犯罪分子的主观恶性、改造难度以及再犯风险。因此，在量刑时，司法机关还需综合考虑犯罪分子的前科情况、犯罪动机、悔罪表现等因素，评估其人身危险性，从而确定更为科学合理的刑罚。对于人身危险性较大的犯罪分子，即使其犯罪行为相对较轻，也应考虑适用较重的刑罚或采取更为严格的监管措施；而对于人身危险性较小的犯罪分子，则可适当从宽处理，以促进其改过自新。

（三）一律平等原则

在法治社会的构建中，刑法作为维护社会秩序、保障人权的重要法律手段，其基本原则的贯彻与执行至关重要。其中，“适应法律一律平等原则”是刑法的基石之一，它深刻体现了法律面前人人平等的宪法精神。适用法律一律平等原则是指对任何人犯罪，在适用法律上一律平等，不允许任何人有超越法律的特权。适用法律一律平等原则要求在刑事司法活动中，无论犯罪主体的身份、地位、财富等差异如何，都应平等地受到法律的评判与制裁。这一原则具体涵盖定罪平等、量刑平等与行刑平等三个方面，共同构建起刑事司法公正的坚固防线。

1.定罪平等：法律面前无特权

定罪平等，是适应法律一律平等原则的首要体现。它要求司法机关在认定犯罪行为时，必须严格依据法律规定，不受任何个人或组织的干扰，确保所有犯罪嫌疑人在定罪过程中享有平等的法律地位和待遇。无论犯罪嫌疑人的社会地位高低、财富多寡、种族性别如何，只要其行为符合刑法规定的犯罪构成要件，就应当被平等地认定为犯罪。这既是对犯罪行为的客观评判，也是对人权的基本尊重，避免了因身份差异而导致的司法不公。

2.量刑平等：罪刑相适应，罚当其罪

量刑平等，是适应法律一律平等原则的核心内容。它强调在刑罚裁量过程中，根据犯罪的事实、性质、情节以及社会危害程度等因素，对犯罪分子决定应当判处的刑罚，确保罪刑相适应，罚当其罪。量刑平等要求法官在量刑时必须保持中立与公正，不受任何主观偏见和外界压力的影响，对同类犯罪行为给予相似的刑罚处理，避免"同罪异罚"或"异罪同罚"的现象发生。此外，量刑时还应考虑犯罪分子的个人情况，如自首、立功、悔罪表现等，以实现刑罚的个别化，但这一切均需在法律规定的框架内进行，确保量刑的公正与合理。

3.行刑平等：执行无差别，改造有温度

行刑平等，是适应法律一律平等原则的必然延伸。它要求在执行刑罚的过程中，同样遵循法律面前人人平等的原则，对犯罪分子实施无差别的刑罚执行措施。无论是监禁、缓刑、假释，还是其他刑罚执行方式，都应严格按照法律规定执行，确保刑罚的严肃性和权威性。同时，行刑过程中也应注重人文关怀和教育改造，通过科学的管理方法、有效的教育手段，帮助犯罪分子认识错误、改正错误，重新回归社会，实现刑罚的预防与矫正目的。行刑平等不仅是对犯罪分子的惩罚，更是对社会秩序的维护和公共安全的保障。

（四）罪责自负原则

1.基本含义

谁犯了罪，就应当由谁承担刑事责任；刑罚只及于犯罪者本人，而不能连累无辜。

2.基本要求

（1）犯罪的主体只能是实施了犯罪行为的人，对于没有实施犯罪行为的人不能对其定罪。

（2）刑罚的对象只能是犯罪者本人，对于仅与犯罪者有亲属、朋友、邻里等关系而没有参与犯罪的人，不能追究其刑事责任。

（五）主客观相统一原则

主客观相统一原则的基本含义：对犯罪嫌疑人、被告人追究刑事责任，必须同时具备主客观两方面的条件，并要求主客观两方面的有机统一。即符合犯罪主体条件的被告人，在其故意或者过失危害社会的心理支配下，客观上实施了一定的危害社会的行为，对刑法所保护的社会关系构成了严重威胁或已经造成现实的侵害。如果缺少主观或者客观其中任何一方面的条件，犯罪就不能成立，不能令犯罪嫌疑人、被告人承担刑事责任。

（六）谦抑原则

所谓谦抑，是指缩减或者压缩。刑法的谦抑性，是指立法者应当力求以最小的支出——少用甚至不用刑罚（而用其他刑罚替代措施），获取最大的社会效益——有效地预防和控制犯罪。换言之，凡是适用其他法律足以抑制某种违法行为，足以保护合法权益时，就不要将其规定为犯罪；凡是适用较轻的制裁方法就足以抑制某种犯罪行为，足以保护合法权益时，就不要规定较重的制裁方法。

第二节　刑法的体系

一、犯罪论体系

（一）概念

犯罪论体系，是指在一定的综合原理指导下，对构成犯罪一般成立要件的各种个别认识、原理或理论说明进行整序，通过明确其内部的联系而使判断某种情况是否犯罪或者是否符合犯罪成立要件的过程合理化、机能化的实践的认识体系。

（二）构建犯罪论体系的作用

在法治社会的构建中，犯罪论体系作为刑法学理论的核心组成部分，不仅承载着界定犯罪行为、保护社会秩序的重任，还深刻影响着司法实践的效率与公正。一个科学、合理且富有逻辑的犯罪论体系，对于降低审查案件的难度、促进法律适用的平等与区别、简化法律条文以增强可操作性，以及推动法学研究的深入发展，具有不可估量的作用。

1.降低审查案件的难度

犯罪论体系通过系统化的理论框架，为司法实践提供了清晰的思维路径。它明确了何种行为构成犯罪、犯罪的构成要件有哪些、如何区分罪与非罪、此罪与彼罪等关键问题。这种体系化的知识架构，使得法官、检察官及律师在处理具体案件时，能够迅速定位法律适用点，减少因法律条文纷繁复杂而导致的理解偏差和判断困难。同时，它也促进了案件审查的标准化和流程化，提高了司法效率，确保了案件处理的及时性和准确性。

2.能够平等和有区别地适用法律

犯罪论体系强调法律面前人人平等，但同时也注重根据不同案件的具体情况，实现有区别的法律适用。它要求司法者在遵循法律基本原则的前提下，充分考虑案件的具体事实、情节、动机、手段、后果等因素，对犯罪行为进行精准定性，并据此作出合理的量刑决定。这种既统一又灵活的适用方式，既维护了法律的权威性和公正性，又体现了司法的人文关怀和个别化正义，促进了社会公平与正义的实现。

3.能够简化法律和获得更好的可操作性

犯罪论体系通过抽象概括和逻辑演绎，将复杂的法律现象和法律规定简化为易于理解和操作的规则体系。它不仅简化了法律条文，减少了法律术语的歧义和模糊性，还通过构建犯罪构成要件、排除犯罪事由等制度，为司法实践提供了明确的操作指南。这种简化不仅降低了法律适用的难度，提高了法律的可操作性，还有助于增强公众对法律的认知度和信任感，促进法治文化的普及和深入。

4.能够成为深化法学的路标

犯罪论体系不仅是司法实践的指导工具，更是法学研究的重要领域和理论创新的源泉。它随着社会的发展和法治的进步而不断完善和发展，不断吸收新的理论成果和实践经验，推动刑法学理论的更新和深化。同时，犯罪论体系的研究也促进了法学与其他学科的交叉融合，如心理学、社会学、经济学等，为法学研究提供了更为广阔的视野和更为丰富的资源。因此，建构和完善犯罪论体系，不仅是法治建设的需要，也是法学学科自身发展的必然要求，它将成为引领法学研究深入发展、推动法治文明进步的重要路标。

（三）犯罪论体系的机能

1.为问题的解决提供合理和普遍妥当性的判断标准

犯罪论体系的首要机能在于为司法实践中遇到的问题提供一套科学合理的判断标准。无论是大陆法系的三阶层犯罪论体系（构成要件符合性、违法性、有责性），还是英美法系的双层次犯罪论体系（犯罪本体要件、责任充足要件），都旨在通过系统的分析和推理，确保对犯罪行为的认定既符合法律的规定，又体现公平正义的价值追求。

在犯罪论体系的指导下，司法官能够依据构成要件符合性、违法性、有责性等层层递进的逻辑链条，对案件事实进行详尽的分析和判断。这种层层推进的分析方法，不仅有助于确保结论的合理性，还能有效防止主观臆断和任意裁判，使司法判决具有普遍妥当性。

2.价值判断合理化机能

犯罪论体系不仅关注案件事实的法律认定，还蕴含着对刑法机能、罪刑法定原则、责任主义、刑罚目的、刑事政策等多重价值的考量。这种价值判断的合理化机能，使得犯罪论体系在司法实践中不仅是一个事实判断的工具，更是一个价值衡量的标尺。

通过犯罪论体系的运用，司法官能够在法律与道德、公正与效率、惩罚与预防等价值之间找到平衡点，确保判决结果既符合法律的规定，又符合社会的普遍期待。例如，在判断某一行为是否构成犯罪时，犯罪论体系要求司法官不仅要考虑行为是否符合构成要件，还要综合考虑行为的违法性、有责性等因素，以确保判决结果的公正性和合理性。

3.为刑事立法和刑法解释指明方向的机能

犯罪论体系不仅是对现有刑法规定的理论总结，更是对刑法未来发展方向的预测和引领。通过犯罪论体系的建构和完善，可以为刑事立法和刑法解释提供清晰的理论框架和指导原则。

在刑事立法方面，犯罪论体系能够帮助立法者明确犯罪构成要件、违法性、有责性等核心概念，确保立法内容的科学性和合理性。同时，犯罪论体系还能够为立法者提供判断新类型犯罪是否应当入罪的标准和依据，确保立法的与时俱进和适应社会发展需要。

在刑法解释方面，犯罪论体系为法官和检察官提供了一套解释和适用刑法的理论工具。通过运用犯罪论体系的理论和方法，法官和检察官能够准确理解和把握刑法条文的含义和精神实质，确保刑法的正确适用和裁判结果的统一性。

4.帮助并限制国家机关适用刑法的机能

犯罪论体系在司法实践中具有重要的限制和监督作用。它通过对国家机关适用刑法的行为进行规范和约束，确保刑法的适用既符合法律的规定，又符合公平正义的价值追求。

一方面，犯罪论体系为国家机关提供了明确的适用刑法的标准和程序，防止了国家机关在适用刑法过程中的随意性和滥用职权。例如，在构成要件符合性的判断阶段，犯罪论体系要求司法官必须严格按照法律规定的构成要件进行事实判断，确保案件事实的真实性和准确性。

另一方面，犯罪论体系通过价值判断合理化的机能，对国家机关适用刑法的行为进行监督和制约。当国家机关的判决结果与犯罪论体系的价值追求相悖时，犯罪论体系能够成为法律监督机关和公众质疑判决合法性和合理性的有力武器，从而促使国家机关纠正错误判决、维护司法公正。

（四）犯罪论体系的类型

1.平面的犯罪论体系

（1）二元的犯罪论体系。

①客观的要素与主观的要素区分说。犯罪要从主观与客观两个方面进行把

握。比克迈尔的犯罪论体系将犯罪分为“客观的构成要件”与“主观的构成要件”。赫尔穆特迈尔的犯罪论体系将犯罪分为“客观的不法”与“主观的归责的可能性”。

②犯罪的行为与犯罪的心理区分说。英美法系的刑法理论一般认为，犯罪的构成要素包括犯罪的行为与犯罪的心理两个部分。

（2）四元的犯罪论体系。苏联以及相关的社会主义国家的刑法理论一般均采用四元的犯罪论体系。现在的俄罗斯基本上也是采用该犯罪论体系。

苏联的特拉伊宁在1958年的《犯罪构成的一般学说》中系统地阐述了犯罪客体、犯罪的客观方面、犯罪主体和犯罪的主观方面等构成要件的四元的犯罪论体系。

（3）行为与行为人的二元说。法国是世界上最早采取“行为—行为人”二元犯罪论体系的国家之一。法国刑法学家雅克博里康教授的代表作是《法国二元论体系的形成与演变：犯罪—犯罪人》。

2.阶层的犯罪论体系的发展与演进

阶层的犯罪论体系主要是指德、日刑法理论的三要件的犯罪论体系。该说认为，犯罪论体系由构成要件符合性、违法性、有责性三个要件依次递进排列而成。

（1）古典的犯罪论体系（贝林—李斯特体系）。

①主要观点：古典的犯罪论体系将犯罪的构成要件分为构成要件符合性、违法性和有责性三个要件，逐一递进来认定犯罪。

②代表人物：贝林、李斯特。

③主要特点：故意和过失属于责任要件；构成要件具有价值中立的记述的性质，与违法性判断相分离；在行为理论方面采用因果行为论（自然行为论；有意行为论）；在责任问题上采用心理责任论（故意责任和过失责任）。

（2）新古典的犯罪论体系。

①代表人物：M.E.迈尔、梅茨格尔。

②主要特点：试图改变古典犯罪论体系中的因果行为论的自然主义色彩，以适应自己的与价值相关的犯罪论体系；新古典犯罪论体系中的构成要件已经不再是纯粹的客观概念，它既包含主观的要素，也包含需要法官评价的规范的要素；在违法性方面，新古典的犯罪论体系提出了实质的违法性论，从而认可了法律规

定之外的超法规的违法性阻却事由；在责任问题上，新古典的犯罪论体系已经认识到免责的紧急避险中的客观情况能够阻却责任，从而提出了规范责任论。

（3）目的行为论的犯罪论体系

①主要观点：人的行为本质是有目的的追求活动，人以因果关系的认识为基础，在一定范围内预见自己的活动会产生一定的结果，据此设立各种各样的目的并选择达到目的的手段，朝着这些目的有计划地进行活动。目的性（意思的内容）是行为的本质要素。故意对于行为而言，就具有本质的意义。

故意不再是责任的形式，而是作为统治行为的因素在构成要件阶段也具有重要的意义。目的行为论的犯罪论体系使不法概念主观化，责任主观化、规范化。不法中的行为无价值观念被提到前台，与结果相比，行为的形态对于犯罪的成立而言具有更重要的意义（人的不法论）。

②代表人物：韦尔策尔（Welzel）。

③主要特点：它使故意、过失成为构成要件要素，而不是责任要素；不法不是单纯由结果无价值决定，而是由结果无价值与行为无价值共同决定；它使违法性认识从故意中脱离出来，成为责任概念的中心要素（当今犯罪论中的责任性内容包括责任年龄、责任状态、故意、过失、违法性认识的可能性、期待可能性）；它将错误分为构成要件的错误与禁止性的错误；它使教唆犯和帮助犯只有在故意的主行为情况下才能成立。

（4）现代新古典的犯罪论体系

①主要观点：在行为论上否定目的行为论，多采用社会行为论，有的也采用因果行为论、消极行为论；在构成要件论上，肯定构成要件的故意，承认故意及主观的违法要素对违法性的加重机能；在违法性论中，肯定行为无价值；在责任论中，将故意的一部分留在了责任领域，而不是将故意都放在构成要件之中；违法性认识的可能性也属于责任领域；不法是对行为的无价值评价，而责任是对行为人的无价值评价。

现代新古典的犯罪论体系是一种行为无价值和结果无价值并存的二元论体系，并得到了德日不少学者的赞同，因而成为德日刑法理论界的通说。

②代表人物：罗克辛。

（5）目的理性的犯罪论体系。

①主要观点：刑法的体系形成，不是与本体的预先规定性相联系的，而是只

允许从刑法的目的设定性中引导出来的。

②代表人物：罗克辛、松宫孝明。

③主要特点：以一般预防论这一刑事政策作为核心，使刑法的体系从道德伦理中解脱出来，从合理的、经验科学的角度加以建构；在方法论上，与体系的、逻辑的整合性相比，更注重解决问题的思维方式；该学说虽然强调结果无价值，但为了解决现代的各种问题而对各个具体的要素进行修正，并通过提出新的概念或者在概念中增加新的内容，使犯罪论体系成为解决问题的装置。

④理论创新：创造了客观归责理论；把“责任”概念扩大到“负责任性”概念，认为责任的内涵不仅是非难可能性，还包括预防的必要。

⑤学术界的质疑：该学说在追求问题解决的同时，使传统的概念发生混乱，使体系丧失整合性，导致在体系上发生了丧失明确性和不适合逻辑思考的情况。

二、刑罚体系

（一）刑罚体系的内涵

刑罚体系是指国家以有利于发挥刑罚的功能、实现刑罚的目的为指导原则，通过刑法的规定而形成的、由一定刑罚种类按其轻重程度而组成的序列。

（二）刑罚体系的特点

刑罚体系具有以下特点。

（1）刑罚体系的构成要素是具体的刑罚方法即刑种。

（2）构成刑罚体系要素的刑种是经过立法者选择而确定的。我国的刑种是立法者在总结长期以来我国各种刑事立法规定的刑罚种类及其运用效果的基础上选择确定的。

（3）构成刑罚体系要素的各刑种是依照一定的标准排列的。我国刑法中的刑罚体系主刑和附加刑都是按照各自的严厉程度由轻到重依次排列的。

（4）刑罚体系是由刑法明文规定的。首先，构成刑罚体系要素的刑种是由刑法明文规定的；其次，主刑与附加刑的分类是由刑法规定的；最后，刑罚种类的先后排列是由刑法规定的。

（5）体系确立的依据是有利于刑罚功能的发挥和刑罚目的的实现。我国刑罚体系中，无论是刑种的选择，还是刑种的分类，抑或是刑种的排列，都是立法者从有利于刑罚功能的发挥和刑罚目的的实现而确定的，不是随心所欲规定的。

（三）刑罚体系功能

（1）教育功能。刑罚种类的设置，就是为了教育人们不要犯罪，否则将受到刑罚惩罚，也鼓励人们积极同犯罪行为作斗争。

（2）威慑功能。刑罚的严厉性，会威慑那些危险分子和不稳定分子，不要以身试法，应收敛自己的不法行为。

（3）科学化功能。刑罚体系的科学性进一步为刑法体系的科学性奠定基础。

（4）有利于刑罚目的实现的功能。一个科学的刑罚体系有利于预防犯罪，从而有利于刑罚目的的实现。

（四）我国刑罚体系特点

我国刑罚体系有以下几个特点。

（1）要素齐备，结构合理。要素齐备体现在刑种多样，轻重不等，有限制权利的，有剥夺的；有轻的、不予关押的，最重有处死刑的。结构合理首先体现在主刑与附加刑配合适用，主刑在先，附加刑在后，主次分明；其次，各个刑种结构合理，各主刑或各附加刑之间的排列是按照各自的严厉程度由轻到重。

（2）宽严相济，衔接紧凑。刑罚有十分严厉的——死刑，有很轻的——管制，轻重搭配，宽严相济。衔接紧凑，表现为拘役的上限6个月，与有期徒刑的下限6个月相衔接，有期徒刑的上限15年与无期徒刑也有衔接性。

（3）内容合理，方法人道。刑罚种类的设置要符合中国国情，是多年来司法实践经验的总结，与其他国家的规定存在相似性，体现了刑罚轻缓化的趋势。我国刑法废除了肉刑、羞辱刑，即使死刑存在，但在执行上也越来越文明。人道性更重要地体现在刑罚的执行中，把犯罪人当人看待，尊重他们的人格，给予人道主义待遇。

第三节 刑法解释

一、刑法解释方法的定义

刑法解释方法是解释主体（包括有权解释主体和无权解释主体）对刑法文本进行阐释和说理所采用的可行路径和论证理由，也是限制解释主体主观随意性的思维规范。

二、刑法解释方法的功能特性

“路径类”“理由类”和“规范类”是刑法解释方法的三个基本属性。这三个基本属性分别对应刑法解释方法的三项功能：指引功能、论证功能和限制功能。

（一）指引功能

刑法解释方法具有指引功能，这是刑法解释方法的“路径类”属性所决定的。刑法解释方法存在的基本任务就是为解释者实现刑法解释目标提供可行路径，这是刑法解释方法最基本的要义。尽管在不同的领域，方法呈现出不同的内容，但均具有为人类活动服务，被人类所支配的特性。一般而言，人类活动包含三个方面：目的、条件、方法。通常情况下，条件决定了目的，有什么样的前提条件必然会得出什么样的目的。但是目的和条件并不能确定使用什么样的方法。这是因为，方法是实现目的的手段和途径，从条件到目的的实现，可以变换成不同的路径。这就意味着方法的选择和适用受主体控制，具有极强的随意性和创造性。历史上，许多哲人从不同的角度论述过方法，尽管他们的观点不同，但都包含了“按照某种途径”这个基本意思。因此，“按照某种途径”是“方法”的核心属性，而“方法”又在很大程度上取决于目的和前提。由此，“方法”首先是“路径类”的“方法”。就法律解释方法而言，它是解释主体实现解释目标所采用的路径。具体来说，解释者要完成解释任务，需要通过一定的途径来实现，解释方法恰恰能够为解释者提供思维上的路径指引。

刑法解释是人类的一种思维活动，在此过程中，方法则为解释者开展解释活动、做出刑事裁判提供了思维指引。但是，刑法解释方法是一种指引规范，而非法律规范。从哲学意义上讲，方法是主体对客体规律的认识和运用。易言之，刑法解释方法是解释主体对刑法文本的认识和运用；就法官而言，刑法解释方法又是构建刑事裁判规范的桥梁。任何刑法规范都需要解释，这已经是不容争辩的客观事实。然而，法律解释留给了法官太多的选择余地，法官的个人情感和主观意志不可避免地干扰判案。基于罪刑法定原则，为了限制法官的恣意裁判，贝卡里亚提出："法官对任何案件都应进行三段论式的逻辑推理。大前提是一般法律，小前提是行为是否符合法律，结论是自由或者刑罚"①。在这三个环节中，大前提是最重要的一个环节，它的任务是找法。

找法的过程实际上就是法律解释的过程。要真正实现限制法官的恣意解释的目的，必须借助于解释方法。此时，刑法解释方法能够为法官的找法活动提供具体的指引。比如，体系解释要求将解释对象置于上下文、整个刑法规范，甚至整个法律秩序之中，避免断章取义、片段化地理解解释对象。那么，法官在理解《中华人民共和国刑法》（以下简称刑法）第三百六十三条所规定的"贩卖"一词是否包括单纯的出卖行为时，就可以根据体系解释的指引，联系刑法第一百五十五条、第二百四十条、第三百四十七条之规定得出"贩卖"包括单纯的出卖行为这一结论。

（二）论证功能

刑法解释方法具有论证功能，这是由刑法解释方法"理由类"属性所决定的。刑法解释的目的是探求法律文本的真实含义，活动的终点即得出正当的解释结论，是解释主体在观念上事先建立的活动的未来结果。它必须通过解释主体运用手段来实现，而刑法解释方法就是实现解释目的的手段或者路径。此时，方法的存在不仅仅是获得一个结果，更在于获得一个正确的结果。而结果的正确与否取决于方法的选择和运用。只有方法提供了强有力的论证支持，获得的结果才更有说服力。从这一点上来看，法律解释方法与"条条大路通罗马"中的"大路"具有本质的区别。"条条大路通罗马"是人们耳熟能详的一句谚语，用来比喻为了达到同一目标可以采用多种不同的方法和路径，其"目标"是预先设定的客观存在，不会因人的主观意志发生位置转移。与之不同的是，法律解释的目的—正确、妥当的解释结论，则是先前设定与后来变化的结合，它会因人的主观意志和个人情感出现不同的结果，最终会出现多个真真假假的"罗马"。因此，只有选

① [意]贝卡里亚.论犯罪与刑罚[M].黄风译.北京：中国法制出版社，2002：13.

择正确的方法，才能够到达正确的“罗马”。

（三）限制功能

刑法解释方法具有限制功能，这是由刑法解释方法的“规范类”属性所决定的。刑法解释方法是限制解释主体主观随意性的思维规范。刑法解释始终掺杂着解释者的主观意识，要控制解释活动的主观随意性，就必须遵循一定的准则或者方法，这正是在理论上研究刑法解释方法论的重要意义所在。将刑法解释方法作为法官进行刑事裁判的思维指引，要求法官在刑法解释过程中，必须遵循由刑法解释方法构建的解释规则。刑法解释方法要解决的就是如何从刑法文本中得出刑法规范含义，以构建刑事裁判大前提的问题。由刑法解释方法构建的解释规则更是基于法治原则，要求法律人在思维过程中遵循的准则。可见，刑法解释方法的重大意义在于为法官构建裁判规范提供思维指引，因此刑法解释方法论并非纯粹的理论问题，也不是完全脱离理论的经验性描述，而是理论与实践的统一，抽象与具体的并存。这也意味着，作为刑法解释方法，其自身应当蕴含着实用性的运行规则，以保证其在刑法解释活动中具有可操作性。只有存在可操作性的规则，刑法解释方法才能发挥限制功能。

三、刑法解释方法运用规则的构建

构建刑法解释方法运用规则既有理论意义，又有实践价值。在构建刑法解释方法运用规则中，应当做到明确性、可控性和有序性。这就要求分层次构建不同方法之间的运用规则以及各个方法自身的运用规则。具体而言，应当从三个方面构建刑法解释方法运用规则：一是构建主要方法与次要方法间的运用规则；二是构建主要方法的运用规则，包括各主要方法间的运用规则和各主要方法自身的运用规则；三是构建次要方法的运用规则，具体包括各次要方法间的运用规则，以及各次要方法自身的运用规则。

（一）刑法解释方法运用规则的构建意义及构建要求

1.刑法解释方法运用规则的构建意义

刑法解释方法在本质上仍然是一种“方法”，任何方法都有其既定的运用规则。此方法不同于彼方法的根本原因在于：不同的方法具有不同的要素、运用条件和适用标准，每一种解释方法都有相应的运用规则。刑法解释方法与其运用规则之间是形式和内容、抽象与具体的关系。刑法解释方法是其运用规则的外在形式和载体，刑法解释方法运用规则又是刑法解释方法关于如何运用的具体内容，是刑法解释活动顺利开展的思维指引准则。刑法解释方法的运用规则主要解决各个解释方法之间如何选择和运用特定解释方法的问题，其构建目的是使得解释方法能够实现“学了容易懂，懂了就能用”。

构建刑法解释方法运用规则，无论是在理论上还是在司法实践中，均具有重要意义。一方面，构建刑法解释方法运用规则能够在理论上促进法律解释方法研究的进一步完善。从前文可知，刑法解释方法尽管越来越受到学者们的重视，但学者们大多集中于讨论刑法解释方法的各种样态，较少研究刑法解释方法各自的精细化运用规则，且并未形成系统化的规则体系，以至于出现不同的法律人在同样的条件下采用不同的解释方法，得出了不同的解释结论，甚至不同的法律人即使采用同一个刑法解释方法，也会得出不同的解释结论。要解决上述难题，有必要进入微观研究，并从以下两个方面构建：一是构建法律解释方法之间的运用规则，二是构建各解释方法的具体运用规则，以区分此方法与彼方法，并力求实现“采用同一方法得出同一解释结论”。这正是刑法解释方法论研究亟须完善之处。另一方面，构建刑法解释方法运用规则能够在司法实践中为解释者提供更加具体的操作指引。方法论研究的最终目的，在于满足司法实践的需要。刑法解释是人类的一种思维活动，不可避免地掺杂着人的主观因素。在司法实践中，为了限制解释活动的主观随意性，解释者必须依赖于解释方法的指引。从相互关系上来看，刑法解释方法运用规则与刑法解释方法之间是内容与形式、具体与抽象的关系。而刑法解释方法要发挥其对解释者的思维指引，作为其内容的运用规则，就必须具备明确、具体的操作内容。比如，借助于刑法解释方法之间的运用规则，解释者要立足于刑法文本，进行文理解释。在进行文理解释过程中，有时“文义”并不容易查明。此时，文理解释规则中，词义分析规则、句法分析规则、语义限度分析规则、同一律规则、排他律规则等为我们进行具体的文理解释提供了具体的操作思路。如果没有这些规则的指引，“文理解释”方法就形同虚设，甚至沦为解释者“任人装扮的小姑娘”。

2.刑法解释方法运用规则的构建要求

基于刑法解释方法运用规则在理论和实践中的重要价值，刑法解释方法运用规则的构建必须做到明确性、可控性和有序性。

（1）刑法解释方法运用规则应当具有明确性。在刑法领域，明确性通常作为罪刑法定原则的其中一个内容进行研究。但是，不同的视野中，明确性具有不同的内容。在构建刑法解释方法运用规则方面，明确性是指刑法解释方法的运用规则应当明白确定，具有可了解性和可预见性。一方面，刑法解释方法作为解释者的思维指引，其运用规则必须清晰明了，最终能够被法律共同体所了解。我们之所以整合理论上的刑法解释方法，最终采用达成共识性的方法，就是因为“高深莫测”“语言晦涩”的解释方法，不仅让人很难读懂，而且无从把握其实质[①]。如果刑法解释方法不被大众，尤其是法律共同体所理解，那么其存在的意义也就荡然无存了。而一个方法是否能够为法律共同体所了解和熟知，关键的一个因素就在于其规则是否清晰明确。另一方面，运用规则的明确性，包括人们对解释结论的可预见性。刑法解释方法是论证解释结论是否合理的重要理由，清晰、明确的方法运用规则，能够使人们得以预见：解释者在什么情况下会采用什么解释方法，以及采用什么解释方法会得出什么样的解释结论。由此，解释者的思维过程全部呈现在人们面前，经由解释方法得出的解释结论不仅能够说服人们，还能够接受人们的监督，以保证解释结论的合理性。

（2）刑法解释方法运用规则应当具有可控性。刑法解释方法运用规则应当具有可控性，是指刑法解释活动启动后，解释者能够在明确的刑法解释方法运用规则的指引下，保质保量地完成解释任务。具体而言，包括两个方面：其一是运用过程的可控性；其二是解释结论的可控性。首先，刑法解释方法的运用过程具有可控性，又可以具体分解为两个方面：一方面是刑法解释进程的可控性。解释者面对的是刑法文本，要查明刑法文本的真实含义，就必须从刑法文本的文字含义入手。相对于简单的案件，解释者很容易就得出解释结论。然而，文字具有模糊性、多义性等特性，加之解释者的主观因素干扰，此时对文字含义的确定就显得比较复杂。这就要求刑法解释方法在运用过程中，必须遵循既定的规则，并最大限度地排除解释者的非理性因素，确保解释进程的正常进行。另一方面是冲突

① 梁根林.刑法方法论[M].北京：北京大学出版社，2006：71.

解决的可控性。刑法解释是一项复杂的思维活动，在探求文字含义的过程中，难免会面临冲突。比如，立法时的语言含义与适用时的语言含义不同，如何选择？这就要求构建类似“冲突规则”以防止解释者无规则可循，以至于整个解释过程变得不可控。其次，刑法解释方法运用后的解释结论具有可控性。刑法解释方法研究的实质是为了实现在司法实践中的“同案同判”，也就是说，不同的人在相同的案例中，采用同一个解释方法能够得出同样的结论。过程决定结论，过程可控，那么结论也不会超出预期。

（3）刑法解释方法运用规则应当具有有序性。有序性是客观事物存在和运动中所表现出来的稳定性、规则性、重复性和相互的因果关联性。刑法解释方法彼此之间并非孤立地存在，而是具有内在的逻辑联系。它们因各自的特性和功能定位相互区别，但又共同构成刑法解释方法体系，共同服务于刑法解释活动。如果各解释方法是在无序的状态中运行，它们不仅无法发挥其固有功能，还可能会导致解释任务的失败。显然，各个解释方法在刑法解释活动中的运用，绝不可能是无序、混乱的样态，而是有序地推动解释活动的进行。这种有序性体现为稳定性、规则性、重复性和相互的因果关联性。所谓稳定性，是指各个解释方法都具有各自稳定的性能，从而在刑法解释方法体系中形成长期稳定的逻辑关系。所谓规则性，是指各个方法均有其各自独特的规则，正是基于不同的规则才能够区分彼此。所谓重复性，是指各个刑法解释方法固有的规则可以重复适用于相同的情节，这也是实现“同案同判”的必要条件。所谓因果关联性，是指各个解释方法之间所具有的相互联系。在同一刑法解释方法体系之中，尽管各个方法之间具有本质的区别，但是它们之间又具有内在的关联性。关联性来源于系统论原理。系统论是一种反映客观规律的科学理论，也是一种哲学意义上的研究方法。根据系统论原理，组成系统的各个元素之间具有必然的关联性。处于同一系统的各个组成元素，不可能彼此相互孤立、毫不相干，而是具有某种联系。多元化的刑法解释方法是一个完整意义上的系统，各个方法之间也彼此具有关联性。比如，文理解释是体系解释运用的适用前提，只有穷尽文义时，才能启动体系解释。离开文理解释，体系解释就失去了意义。人类理性的功能，主要在于获取对象世界中的有序性，以此形成关于世界规律性的认识。刑法解释是一项人类理性的法律活动。作为思维指引的刑法解释方法，在服务于解释活动的过程中，必然以有序的状态呈现，否则其思维属性将失去意义。

（二）主要方法与次要方法间运用规则之构建

刑法解释方法运用规则的构建是建立在各个方法之间的相互关系基础之上的。基于主要方法与次要方法之间的主次关系和服从关系，刑法解释方法运用规则应当从总体上遵循协同规则和服从规则。

1.协同规则

基于主要方法与次要方法的主次关系所形成的规则即为协同规则。具体而言，协同规则是指主要方法与次要方法协同一致地完成刑法解释任务，从而所形成的规则。刑法解释主要方法尽管在刑法解释中占据主导、支配地位，但是次要方法也并非可有可无，而是发挥着重要的辅助作用。在许多刑法解释场合，次要方法能够为主要方法的运行提供帮助，并助推解释任务的顺利完成。协同规则是刑法解释方法运用规则构建的总体要求，也是发挥各个方法在刑法解释中的功能和作用的重要规则。协同规则要求解释主体在进行刑法解释时，既要重视占据主导地位的主要方法，也不能忽略居于次要地位的次要方法。比如，在进行目的解释时，“目的”的确认是一个复杂的过程，而历史解释往往能够为目的解释之“目的”提供思考的方向，并找到正当、合理的刑法规范目的。

当然，协同规则并非意味着任何刑法解释都必须同时运用主要方法和次要方法。这主要是由于次要方法的运用具有一定的随机性。具体而言，次要方法并非在主要方法运行的过程中确定出现的。比如，在进行体系解释时，并不必然进行反对解释；同理，进行目的解释，也不代表必然要由比较解释协助。但是，我们也必须清楚，随机性并不等同于任意性。任意性强调既不受条件限制，也不受规则限制，随机性则不然。随机性只限于适用的场合随机，但其规则并不任意。这些次要方法是具有适用条件和规则限制的，因此可以在基本相同的条件下重复进行，也可以预见到在哪些情况下适用。例如，进行反对解释，它的适用条件首先是刑法条文作了正面表述，其次是在运行中要遵循两个规则：其一，在刑法条文中列明的条件必须是法律适用的全部条件；其二，在刑法条文中列明的条件必须是法律适用的必要条件。

2.服从规则

服从规则是指在刑法解释中次要方法必须服从于它所依附的主要方法的运用

规则。次要方法包括当然解释、反对解释、比较解释、历史解释等。之所以称为次要方法，就是因为其在刑法解释活动中，不可独立适用，不具有主导和支配作用，只能依附于主要方法的运行，并发挥辅助作用。比如，运用反对解释，必须充分考虑法条所处的整个刑法规范的体系环境，并充分分析是否满足了反对解释方法运用的上述两个条件。离开了体系解释，反对解释也就失去了意义。

次要方法服从主要方法规则，是由次要方法的功能特性决定的。次要方法不具有独立意义，而是附属于体系解释或目的解释，因此仅具有辅助作用。其核心的操作规则为：服从所依附主要方法运用的规则。以当然解释为例。当然解释作为目的解释的附属方法，必须遵循目的解释中可回归规则的约束，即采用当然解释，其结论也必须能够回到文理解释划定的“可能语义”之范围。例如，《刑法》第二百二十七条第二款倒卖车票罪中的“车票”一词，从字面上来看，该条文并没有包含倒卖飞机票的行为。如果从目的解释出发，《刑法》第二百二十七条的刑法规范目的在于打击倒卖有价票证、扰乱市场秩序的行为。当然解释以此作为出发点，认为倒卖飞机票所侵害的法益比倒卖车票、船票更为严重，根据当然解释中“举轻以明重”的逻辑思维，得出倒卖飞机票也应当包含在《刑法》第二百二十七条之内。但是目的解释要求结论必须回归到刑法用语的“可能语义”范围之内。很显然，结合国民预测可能，飞机票根本不可能纳入车票、船票的概念。当然解释之结论违背了目的解释之可回归规则，应当不予采纳。

（三）主要方法间运用规则之构建

刑法解释主要方法之间的相互关系确立了各个解释方法在运用时的先后顺序为：先语法解释后文法解释，先体系解释后目的解释。相应地，主要方法在运行过程中的运用规则：先语法解释后文法解释规则，先体系解释后目的解释规则。与前文在构建主要方法间相互关系时，考察文理解释与论理解释关系一样，尽管体系解释和目的解释并不是论理解释的全部方法，但是各主要方法间的运用规则，源自“先文理解释后论理解释规则”。故在研究主要方法间运用规则时，应当涵括作为上位方法的文理解释与论理解释之间的总体规则。

1.先文理解释后论理解释规则

先文理解释后论理解释规则是各主要方法间运用规则的概括，也是构建各主要方法间运用规则的基础。先文理解释后论理解释规则是指进行刑法解释时，应当先运用文理解释，再运用论理解释的规则，具体包括三层含义：第一，任何解释都必须先从文理解释开始。第二，通过文理解释就能够得出合理解释时，不再进入论理解释程序，解释任务结束。第三，当文理解释不能得出合理解释时，再进入论理解释。接下来对上述三层含义进行详细论述。

先文理解释后论理解释规则，首先是指任何解释都必须从文理解释开始。任何文本的解释都始于对文字文义的解释[①]。所有的方法论者一致认为，法律解释应当始于语义[②]。无论是在理论上，还是在司法实践中，文理解释是刑法解释首要方法的观点，得到了一致性的认可。之所以能够在这一问题上达成共识，主要有以下四点原因：其一，立法者通过文字表达其立法意图，文字是立法者向民众传达其立法意图的媒介。文字是刑法文本的形式载体，因此阐释和说明表述立法意图的文字含义，是任何刑法解释的起点。同时，文字含义一般来说是确定“规范意旨”的最重要的“证据”[③]，这是符合事物的本质属性的。文字是语言的载体，人类通过语言来表达其内心情感和思想，并通过文字将这种情感和思想变成可以传递的信息。只有把握文字，才能把握语言；只有把握语言，才能理解人们内心的情感和思想，这是人类认识世界的最初形式。其二，解释文本时，以文理解释为起点，完全符合人们的交流习惯。刑法解释可以视为解释者与立法者的一次对话。解释者要理解立法者的真实意思，只能通过其表达出来的文字来确定。其三，从促进法律的可预期性和安全性而言，必须以文理解释为首要的方法[④]。立法机关颁布刑法之后，人们通过阅读刑法文本了解刑法规范的内容，由此对刑法文本形成了信赖。如果抛开文本解释刑法，就打破了人们对刑法规范的信赖；也将置刑法于不确定的状态，从而破坏了刑法的安定性。其四，以文理解释为起点是在司法层面实现罪刑法定的必然要求。在司法层面，贯彻落实罪刑法定的最关键任务就是恪守刑法文本，严禁脱离刑法文本的随意解释，这就要求刑法解释活动必须以文理解释为起点。

任何解释都必须先从文理解释开始，这又被称为“文理解释优先性规则”。最早可以追溯至滥觞于古罗马法中的“明晰性规则”，其基本含义是：如果法律

① [德]卡尔拉伦茨.法学方法论[M].黄家镇，译.北京：商务印书馆，2020：403.

② [德]罗尔夫旺克.法律解释[M].蒋毅，季红明，译.北京：北京大学出版社，2020：69.

③ [奥]恩斯特·A.克莱默.法律方法论[M].周万里，译.北京：法律出版社，2019：26.

④ 王利明.法律解释学[M].北京：中国人民大学出版社，2016：135.

规定是清晰、明确的，那么就没有必要作任何解释[1]。在18世纪，国际法学家瓦特尔（Vattel）就提出了“无须解释的事项不许解释”[2]。“无须解释的事项不许解释规则”与“明晰性规则”都认为法律规定存在清晰明确的表达，因此无须解释。但是根据现今的通说观点，任何刑法文本都有必要进行解释。这是因为，第一，语言文字并不会永远保持清晰明了的状态，语言文字会伴随着它所在的环境逐步改变，这是由语言文字的历史性特征决定的。第二，在一国法律体系内，各个法律之间存在着某种内在联系。一些语言表达看起来比较清晰的法律规定，也可能与同一法律规定或者其他法律规定之间存在冲突，还可能与将来颁布的或者与位阶高的规定存在矛盾[3]。第三，那些看似清晰、明白的事项，之所以清晰、明白，是因为在以往的解释过程中已经达成了共识性的解释结论。即“无须解释的事项不许解释”的本身，就是经由解释得出的结论。“大家对语词的含义清楚明了，不影响交流”是人们对语言含义达成了共识，其本身就是在解释的过程中实现的，并非不需要解释。比如，刑法第二百六十四条规定的“入户盗窃”中的“户”，通常情况下将“用于一般家庭居住的住宅”解释为“户”，是不会受到质疑的。这是因为人们对“一般家庭居住的住宅就是户”达成了共识，以至于对解释的过程熟视无睹。第四，通常情况下，刑法文本的含义容易理解，但是如果遇到“千奇百怪”的个案，看似清晰的法律，又变得不清晰了。再以刑法第二百六十四条“入户盗窃”为例。没有遇到特殊的案例，不会有人觉得“入户盗窃”不清晰。但是如果出现进入工人临时生活而搭建的工棚盗窃，进入房车、宾馆等场所盗窃的，是否属于“入户盗窃”，就变得有争议了，这时“户”的概念就变得含混不清了。随着社会的进步以及生活方式的改变，在刑法上能够被解释为“户”的场所可能会越来越多。因此，无论是在司法实践上，还是在理论上，通过刑法解释进行说理论证时，通常是对刑法文本的认识有了争议。这些争议的出现，往往是由于文本自身抽象或者含义模糊，或者出现了新的案件类型导致事实复杂化，并对原本清晰的文本表示新的质疑。

当前文理解释具有优先性，通常理解为：如果刑法文本的语言含义清晰明

① [德]伯恩魏德士.法理学[M].丁晓春，吴越，译.北京：法律出版社，2013：313.

② 李浩培.条约法概论[M].北京：法律出版社，2003：337.

③ [德]伯恩魏德士.法理学[M].丁晓春，吴越，译.北京：法律出版社，2013：316.

了，就应优先采用该含义[①]。在这一点上，与“无须解释的事项不许解释规则”和“明晰性规则”所要表达的核心意思大致相同，即法律措辞的语义清晰明确，就直接采用该语义。这种说法并无不妥。在司法实践中，大部分的刑事案件都可以通过刑法规范所体现的清晰语义得出解释结论，理所当然要采用文理解释的结论。但是，少数案件之所以有争议，正是因为文字含义的不清晰导致的，在这些案例面前，文理解释并非毫无用武之地，而是仍然发挥探求文字含义的功能。比如，下文即将提到的通常含义与专业含义发生冲突时，仍然是一种语义不清晰，我们可以通过文理解释的规则得出解释结论。

通说认为文理解释优先规则，优先的是文理解释的结论，而不是方法在次序上的优先。但下面认为，文理解释优先规则包括两个层面的优先性：第一个层面是解释结论的优先。即如果刑法文本的语言文字意义清晰明了，又不会产生荒谬结果，则优先按照该语义进行解释。第二个层面是适用顺序上的优先。即无论文理解释是否得出合理的解释结论，任何刑法解释都必须从文理解释开始。这是因为，在文理解释得出复数结论时，需要借助于其他解释方法，但任何解释方法的运行都必须在文理解释划定的限度框架内进行。换句话说，文理解释得不出结论才适用其他解释方法，并不是说文理解释完全没有意义，而是经由文理解释得出复数结论或者荒谬结论。

我们研究刑法解释方法并不是仅限于疑难问题的解决，而是要将刑法解释方法在所有案件中的运用进行理论抽象和概括，并适用于所有的案件。从司法实践角度而言，“对于绝大多数案件事实的说明，涵摄并不存在问题”。[②]大多数的刑事案件就某一刑法用语的含义是没有太大争议的。

这并不是说简单案件不需要解释，恰恰是对这些简单案件，法官通常按照文理解释的方法就可以得出合理的结论。此时，就没有必要再进行论理解释。

而文理解释是法律职业群体进行刑法解释最常用、最优先使用的方法，并就此已经形成了固有思维。就规范解释而言，这是因为刑法中存在着大量的、人们普遍而经常使用的术语。其特点是：不管在什么领域，由什么人使用，其语义都没有差别如飞机、传播、货币等。就个案解释而言，案件的事实选项正处于刑法用语含义的核心地带，无须再借助其他解释方法，就可以自动涵摄。例如，将

① 孔祥俊.法律解释方法与判解研究[M].北京：人民法院出版社，2004：321.

② [德]罗尔夫旺克.法律解释[M].蒋毅，季红明，译.北京：北京大学出版社，2020：24.

柴油驱动的轿车解释为“汽车”，将“黄金”解释为“财物”。之所以如此，是因为语义具有相对的确定性。这种相对确定性是源自人们长期生活形成的共识性认识。

先文理解释后论理解释规则的第三个层面含义是：当文理解释不能得出合理解释时，再进入论理解释。文理解释的功能在于挖掘刑法文本的语言学意义，但其局限性也在于未考虑刑法文本与刑法立法精神之间的必然联系，未关注立法者赋予的法理意义。有些刑法用语的语言学意义与法理学意义一目了然，语言学意义就是法理学意义。但是有些情况下，刑法文本的语言学意义不能得出合理的解释，很难解读出法理意义，最为典型的就是刑法中的大量兜底性条款。例如，刑法第二百二十五条第四项规定：“其他严重扰乱市场秩序的非法经营行为”。仅考察其语言学意义，几乎很难得出合理结论。除了兜底性条款以外，其他刑法用语在得出复数结论时，同样也需要论理解释。比如，“暴力”一词在我国刑法文本中出现了多次，依据文理解释中的“同一律解释规则”，对“暴力”一词应当作相同理解。但是，“暴力”一词包括多种含义，如何确认第二百零二条抗税罪中的“暴力”，则需要借助论理解释，探寻其法理意义。

2.先语法解释后文法解释规则

在运用文理解释时，应当优先采用语法解释，而后采用文法解释。先语法解释后文法解释是语言认知的过程，也是语言学的核心规则。词是语言中能够独立运用的最小单位，词由词素组成。数个词又依据一定的语法规则组成了句，从而形成了一个可以独立的、完整的意义。但是多个句子又组成了完整的一段话，数段话又组成了一个完整的文本。任何语言在完整的文本中都应当遵循一定的行文章法。因此，认识语言一方面应当从语言基本的词法、句法等语法规则局部着手。因为没有局部的语法，就没有词语成分的基本含义，也就没有句子成分的基本含义，最终就不可能对语言形成正确的认识。只有在词义分析、句法分析等语法规则基础之上，才能真正地获得准确、合理的语义。另一方面，如果仅限于语言所在的句子，不顾及全文的文法，那么很容易陷入“望文生义”“断章取义”的歧途。例如，对刑法第二百六十三条第六项“冒充军警人员抢劫的”进行刑法解释，关键在于弄清楚“冒充”一词的含义。从语法解释角度来看，“冒充”是一个典型的偏正型结构的合成词，它由“冒”和“充”两个词根组成。这两个词根之间是修饰与被修饰的关系，前一个词根修饰、限制后一个词根，整个词义以后一个词根为主，前一个为辅，属于典型的偏正型结构。从这个意义上理解，“冒充”一词应当解释为假冒地充当。但是有学者认为，冒充不等于假冒，而是包括假冒与充当，其实质是使被害人得知行为人为军警人员。按照该解释思路，暂且不说违背了语法解释规则，很明显也陷入了“望文生义”的歧途，因此还应当从文法解释角度，考察行文之章法。

3.先体系解释后目的解释规则

在运用论理解释时，应当遵循优先使用体系解释，后使用目的解释的规则。体系解释的运行前提是穷尽文理解释，仍得不到合理、可行的结论时才启用。体系解释的目的是将某一刑法用语置于刑法体系，甚至更大的法律体系之中，从而实现刑法的整体协调一致。由于文理解释出现复数结论或荒谬结论，无法抉择，此时就可以借助体系解释，将刑法文本置于体系中，联系上下文或者整个法律体系，得出合适的结论。比如，我国刑法条文中多次使用了“暴力”一词，从文理解释来看，“暴力”一词具有广义和狭义之分，广义上的“暴力”不仅包括对人的暴力，也包括对物的暴力，其中对人的暴力，又有轻重之分。由于法律概念的相对确定性，同一概念在刑法条文中允许存在不同的含义，文理解释就很难给出确定的答案。这时，就有必要借助体系解释，联系相关的法条，比对各自的法定刑配置，得出合理的规则，此时解释任务结束，也就没有必要再进行目的解释。在这里要特别说明一种情况：当文理解释不能直接得出解释结论时，体系解释启动运行。可事实上，有些时候将某一刑法用语置于整个法律文本或者法律秩序时，毫无帮助。比如，故意杀人的“人”，是否包括“死人”“胎儿”以及“自己”？仅仅通过文理解释无法得出答案，体系解释也不能得出结论，但这并不意味着本文构建的文理解释规则或体系解释规则无效。体系解释在解释活动中运行的结果有三种情况：第一种是得出合理结论，第二种是得出复数结论，第三种是不能得出任何结论。对于第一种情况，解释任务自然结束，而第二、第三种情况则需要进入目的解释环节。

目的解释是以探求刑法条文背后的立法目的为导向，以追求刑法内容的妥当性为价值目标，其最大的优点在于灵活、开放，具有很强的适应能力。它可以打破僵局，另辟蹊径，赋予刑法文本以更大的解释空间。当历经文理解释、体系解释仍然不能得出合理结论时，目的解释就派上了用场。例如，黄某某交通肇事逃逸案。被告人黄某某虽然在肇事后积极救助被害人，但仍指使随车驾驶员王某顶包，被告人黄某某的行为是否构成交通肇事后逃逸？

单纯从文理解释上来看，“逃逸”一词是指逃跑，很难将留在现场找人“顶包”的行为纳入“逃逸”类型。依据文理解释的同一律解释规则，全文的“逃逸”应当作同一解释。刑法第一百三十三条出现了两个“逃逸”：交通运输肇事后逃逸和因逃逸致人死亡。这两个“逃逸”处于同一个法条之中，应作相同含义理解。但如何进行同一解释，则有必要结合论理解释。从体系解释上来看，也无法得出合理的解释结论；从目的解释上来看，刑法之所以要对“逃逸”行为加重处罚，主要是因为考虑两方面因素：一是严惩逃避法律追究的行为；二是逃逸行为可能会使受害人得不到及时救助而死亡。因此在对“逃逸”进行解释时，就要考虑到这两个方面。被告人黄某某尽管没有逃离现场，但他留在现场找人“顶包”是基于逃避法律追究的目的。再来看“逃逸”的可能语义范围，可以涵盖两种逃跑类型：积极意义上的逃跑和消极意义上的逃跑。对于前者而言，就是离开现场；对于后者而言，可以理解为躲藏。这样的解释结论既没有突破语义的可能界限，也能够给予解释足够的空间。但是，也正因为目的解释具有灵活性、开放性特点，其解释结论就会出现很大的不确定性，这极易导致司法滥用的危险，从而破坏法的安定性。为此，在运用目的解释时，必须在可能的语义框架之下得出解释结论。

上述三种规则落实到现实的刑法解释活动中，就具体体现为四大方法运用的先后次序规则，即首先运用语法解释，其次运用文法解释，再次运用体系解释，最后运用目的解释。如果前一种解释方法能够得出唯一结论，且该结论正当、合理，那么就没有必要运用后一种解释方法，此时解释任务完成。

如果前一种解释方法不能得出唯一结论，或者得出的结论荒谬，那么就有必要进入后一种解释方法，并遵循后一种解释方法的规则约束，直至得出合理结论。值得特别说明的是，大部分简单的案件经由文理解释即可得出结论，且该结论也并不违背论理解释。换句话说，后续未使用的解释方法同样能够为解释结论提供论证理由，只是没有必要罢了。例如，运用文理解释，将“汽车”解释为“交通工具”，并不违背体系解释规则和目的解释规则，能够经受得住后续未适用解释方法的论证。此时，“交通工具”包含“汽车”的文理意义和论理意义是一致的。事实上，需要同时凸显语法解释、文法解释、体系解释和目的解释的功效时，往往是出现了复杂且争议较大的案件。

（四）次要方法运用规则之构建

1.各次要方法间运用规则

由于次要方法并不占据主导、支配地位，它们的运行还要依赖于主要方法。因此，单就各次要方法之间的相互关系而言，当然解释、反对解释、比较解释、历史解释这些次要方法之间没有直接的次序和效力等级，而是完全依赖于它所依附的主要方法。相应地，各次要方法间的运用规则，也服从于它们所依附的各主要方法之间的运用规则。比如，反对解释需要服从体系解释规则，历史解释需要服从目的解释规则，反对解释与历史解释之间并不产生关系。但由于体系解释与目的解释存在功能上的互补关系和运用中的先后次序关系，在反对解释和历史解释之间也就间接地产生了运用中的先后次序关系。因此，各次要方法间的运用规则转换为它们所依附的主要方法之间的运用规则。

2.各次要方法自身运用规则

次要方法包括当然解释、反对解释、比较解释和历史解释。因此，各个次要方法自身的运用规则即是上述方法各自对应的运用规则。

（1）当然解释运用规则。当然解释是指刑法文本虽然未明示某一事项，但是依据刑法规范之目的，未明示事项较已明示事项更有适用之理由时，将该未明示事项也解释为该刑法文本适用范围的一种解释方法。如前所述，当然解释只能作为次要方法，其原因有二：一是当然解释居于次要地位，且不能独立适用，只能依附于目的解释；二是当然解释的适用范围是极为有限的，“主要限于立法者为了节约立法资源而有意遗漏的条文”。当然解释的核心运用规则可以概况为：入罪时，举轻以明重；出罪时，举重以明轻。“入罪时，举轻以明重”，是指如果刑法文本对某一事项没有明示，但依据刑法规范的目的，该未明示事项与刑法文本已明示事项相比，其损害更为严重时，那么该未明示事项应当作入罪解释。但是，该结论能否作为刑法解释的终局结论主要依赖于目的解释能否提供充分的论证理由。比如，刑法第二百六十三条第六项“冒充军警人员抢劫”是否包括

“真正军警人员利用自身的真实身份实施抢劫”的行为，有学者利用当然解释得出肯定结论。根据该学者观点，冒充军警人员抢劫规定为法定刑升格的条件主要是基于法益侵害的增加，包括以下两个理由：第一，军警人员受过特殊训练，制服被害人的能力高于一般人，所以冒充军警人员抢劫给被害人造成的恐怖心理更为严重，因而更易于得逞；第二，冒充军警人员抢劫严重损害了国家机关的形象。而真正的军警人员实施抢劫，同样存在上述两个理由。且冒充军警人员的，在受到法律制裁之后，其对国家机关形象的损害可以挽回，而真正的军警人员对国家机关的形象侵害比前者更大，应当受到更严厉的处罚。

上述解释思路，显然是将真正军警人员与假冒军警人员实施抢劫造成法益侵害的“轻重”进行比较，其前提是在预设了该条文的规范目的之后，得出的自然而然的解释结论。尽管被称为当然解释，但实质上仍属于目的解释。当然解释不可能抛弃对立法目的的考察，而是建立在刑法规范的目的基础之上的“举轻以明重”。离开了对目的的考察，当然解释的“当然之理由”就不成立了，而是走向类推解释。

“出罪时，举重以明轻”，是指如果刑法文本对已明示事项排除犯罪，未明示事项与该事项相比，造成的损害更小，那么该未明示事项也应当作出罪解释。关于“出罪时，举重以明轻”，在我国刑法文本中很难找到相对应的例子。这也再次印证了当然解释的次要地位。

（2）反对解释运用规则。反对解释又称反面解释，是指通过理解刑法文本的正面表述，从反面意义上推导刑法文本的真实含义的一种解释方法。换言之，反对解释是从刑法文本的正面含义推导出反面的内容，其实质是逻辑理论的推演。在私法领域，由于“法不禁止即自由”，反对解释具有极大的适用空间。但是在公法领域，尤其是刑法领域，“法无明文规定不为罪，法无明文规定不处罚”，反对解释的适用受到了很大的限制，这也决定了反对解释在刑法解释中不可能作为一项独立的解释方法，也不可能在刑法解释中具有主导、支配地位，只能居于次要的辅助地位。作为一种次要解释方法，反对解释应当遵循以下两种规则。

第一，反对解释的运行必须符合一定的条件。亦即，反对解释并非任何法条、任何情况都可以适用。比如，刑法第十八条规定了“醉酒的人犯罪，应当负刑事责任”，不能运用反对解释得出“没有醉酒的人犯罪，就不应当负刑事责任”的结论。反对解释的运行必须满足两个条件：一是在刑法条文中列明的条件必须是法律适用的全部条件；二是在刑法条文中列明的条件必须是法律适用的必要条件。比如，刑法第九十六条规定："本法所称违反国家规定，是指违反全国人民代表大会及其常务委员会制定的法律和决定，国务院制定的行政法规、规定的行政措施、发布的决定和命令。"运用反对解释可以得出："如果没有违反全国人民代表大会及其常务委员会制定的法律和决定，国务院制定的行政法规、规定的行政措施、发布的决定和命令，就不是本法所指的违反国家规定。"在这里，"违反全国人民代表大会及其常务委员会制定的法律和决定，国务院制定的行政法规、规定的行政措施、发布的决定和命令"既是违反国家规定的全部条件，也是必要条件。

第二，反对解释的结论能否作为终局结论，需要依靠其他独立解释方法的论证。比如，刑法第七十四条规定："对于累犯和犯罪集团的首要分子，不适用缓刑。"不可以运用反面解释为："不属于累犯和犯罪集团首要分子的，就适用缓刑。"刑法第七十四条所确定的条件并非不适用缓刑的全部条件，也不是不适用缓刑的必要条件。是否符合"缓刑"条件，需要联系刑法第七十二条规定的缓刑适用条件。显然，运用体系解释，结合刑法第七十二条之规定，刑法第七十四条运用反对解释的条件不成就，反对解释的结论不可作为终局解释结论。又如，上文提及的刑法第九十六条之规定，运用反对解释所需的全部条件和必要条件是否成就，依赖于体系解释的论证，并确定反对解释的结论可以作为终局解释结论。

（3）比较解释运用规则。比较解释是指将外国法律规定及判例作为参照因素，从而说明本国刑法文本之含义的一种解释方法。它在刑法解释方法中并不具有主导、支配地位，而是居于次要的辅助地位。比较解释对刑法解释的意义仅限于参考，且这种参考意义只有经过其他解释方法论证成立后，才具有价值。因此，运用比较解释应当遵循如下规则。

第一，比较解释参考的应当是外国比较成熟的制度经验。比较解释是将外国法律规定及判例与本国法律进行比较，并以此借鉴外国的经验。既然是借鉴外国的经验，自然应当关注成熟的制度经验，而不是任何国家的任何制度都可以借鉴。比如，某些国家的某项制度有可能是一项新的、大胆的尝试，也有可能未经实践检验。这些不成熟的制度并不具有参考意义。亦即，只有成熟的、历经实践检验的制度经验，才能为我们解决问题提供有价值的思考方向。

第二，比较解释的结论不可直接作为刑法解释的终局结论。这是因为，比较解释的价值在于为解释者提供参考因素。各个国家的法律均是建立在本国国情的基础之上，都处于本国法律体系之中。外国的法律制度或判例纷繁复杂，我们不能因为外国的法律规定或判例看似比较合理，就直接援引外国的规定。如果直接援引外国的法律制度或判例，那么就可能不符合本国国情，并有违背罪刑法定原则之嫌。

第三，比较解释的结论只有经由其他独立解释方法论证成立后，才具有价值。比较解释的结论不可直接作为刑法解释的终局结论，并不意味着比较解释的结论不可能是刑法解释的终局结论。比较解释的结论在经由其他解释方法论证成立后，也可以作为解释结论。此时，比较解释的作用在于辅助其他独立解释方法的运行。例如，刑法第二十条规定了正当防卫制度，在解释“正当防卫”时，我们可以运用比较解释，了解其他国家关于正当防卫成熟的制度经验。此时，比较解释所借鉴的外国成熟制度经验为我们提供了一个参考方向，只有基于我国国情，论证也符合我国刑法规范之目的时，比较解释的结论才可以成为终局的解释结论。

（4）历史解释运用规则。历史解释又称沿革解释、法意解释，是指依据刑法文本制定时的历史背景以及刑法发展的源流，以阐明刑法文本真实含义的一种解释方法。

历史解释的初衷在于揭示立法者的意图，但是正如前文所述，社会总是处于不断变化和发展之中，如果要保证法律永葆活力，就不能局限于过去立法者的意图，而应当基于对时代需求和对社会发展的保护，追求刑法规范的客观目的。因此，历史解释对刑法解释的结论并不具有支配和主导地位，而是可以辅助目的解释方法，以阐明刑法规范的客观目的。

历史解释的运用应当遵循如下两点规则。

第一，历史解释以考察立法史料为主要内容。历史解释运行的根据主要有两点：一是刑法文本制定时的历史背景，包括与整个立法过程相关的一切草案、审议记录、立法理由书等历史资料。二是刑法文本制定的历史源流。比如，在解释“公开窃取”是否属于刑法意义上的“盗窃”时，可以结合盗窃罪、抢夺罪的历史发展。又如，在解释刑法第二百二十五条第四项“其他严重扰乱市场秩序的非法经营行为”时，有必要从投机取巧罪开始来考察非法经营罪的历史发展过程。

第二，历史解释的结论只能为目的解释提供参考。运用历史解释，我们能够了解刑法文本在制定之初立法者欲实现的某种规范目的，了解到刑法文本的发展过程，但经由历史解释的结论并不能直接作为刑法解释的终局结论，只能为目的解释提供参考依据。又以刑法第二百二十五条第四项“其他严重扰乱市场秩序的非法经营行为”为例，通过对非法经营罪的立法沿革的历史解释，可以得出：立法者有意避免“投机倒把罪”的“口袋化”缺陷，其最主要的表现就是将原先按照投机倒把罪追究刑事责任的行为类型根据其特点，进行了具体分解。但是，仍然可以通过目的解释得出结论：非法经营罪侵害的法益是通过特许形成的市场准入秩序。历史解释的结论仅为目的解释的运行提供了依据。

四、刑法解释方法运用的实践

法律解释是法律适用过程中的关键环节，它连接着法律制定与法律实践，对法律的实施具有至关重要的意义。刑法作为法律体系中最具严厉性的法律，故刑法解释尤为重要。以下将以“盗窃”的刑法解释方法运用为例，探讨刑法解释方法在实际案例中的应用，旨在深入理解刑法解释的必要性和方法。

（一）关于“盗窃”的主要方法之文理解释

1.关于“盗窃”的语法解释

对“盗窃”一词进行文理解释，从语法解释开始，主要涉及词义分析规则和语义限度分析规则。

（1）运用词义分析规则。根据词义分析规则分析“盗窃”一词的意义。在现代汉语中，“盗窃”一词，从语素上来看，“盗”的基本含义有两个，分别是“偷”和“强盗”。[①]“窃”的基本意义主要是偷偷（地）。从“盗窃”构词来看，“盗”和“窃”为并列式结构，组合起来的基本意义就是“偷”。

“偷”与“抢”从字义上是具有差异的。在修某某抢夺案和谢某某盗窃案中，修某某将试戴的金项链拿走据为己有，以及谢某某将试驾的摩托车直接开走，是“偷”还是“抢”很难通过词义分析规则得出答案。因此，有必要运用词义分析规则解读“抢夺”。“抢”和“夺”都有“硬拿”的含义，“抢夺”一词

① 中国社会科学院语言研究所词典编辑室编.现代汉语词典（第七版）[M].北京：商务印书馆，2018：268.

也是典型的并列式结构，意为“硬拿”“强取”。从词义上讲，修某某和谢某某的行为更接近“抢夺”。

（2）运用语义限度分析规则。修某某抢夺案和谢某某盗窃案中，行为人的行为方式类似，都是在众目睽睽之下，将他人财物非法据为己有，学界将上述行为概括为“公开窃取”。修某某抢夺案和谢某某盗窃案的“同案不同判”的根源在于：对“公开窃取”行为能否解释为“盗窃”产生分歧，我们运用语义限度分析规则来分析这一问题。

对“盗窃”一词能否包含“公开窃取”行为进行文理解释的关键在于：“公开窃取”是否突破了“盗窃”的语义限度。根据语义限度规则，将“公开窃取”解释为“盗窃”超出了“盗窃”的语义范围，违背了国民的预测可能性。这主要是因为以下两点。

其一，自古以来，盗窃就是一种秘密窃取的行为方式，其语义范围也限于秘密窃取。在秦汉以前，“盗窃”是对侵犯财产罪的概称。“盗”和“窃”意思相近，都具有非法取财的含义。根据《说文解字》“盗自中出曰窃”，“窃”是“盗”的一种，“盗”既包括公然盗取，也包括秘密盗取[①]。在《唐律贼盗》中更是明晰地指出：“诸盗，公取、窃取皆为盗。”[②]在《大清律例》中也明确有“公取、窃取皆为盗”的规定。《大清律例统考》更是对“盗”和“窃”进行了详细的解说：“凡盗，公取、窃取皆为盗。公取，为行盗之人公然而取其财，如强盗抢夺；窃取，谓潜行隐面而私窃取其财，如窃盗掏摸，皆名为盗。”[③]根据《大清律例统考》，公然非法取财就是强盗抢夺行为，秘密非法取财乃窃盗行为。这种界分一直沿用到现在。在现代汉语中，如上文所述，“盗”和“窃”均指以秘密方式窃取。

其二，普通民众的预测可能正是基于长久以来“盗窃”的历史发展积淀而成。在普通民众的日常观念中，“盗窃”就是在他人不知情的情况下，通过秘密手段将他人财物据为己有，秘密性是盗窃的本质属性，这一点可以通过民间对盗窃者及盗窃行为的表述证明。比如，民间将盗窃者称为“小偷”，将盗窃财物称为“偷东西”。“偷”意指“悄悄地”“秘密地”，反映了盗窃的属性。又如，

① 刘柱彬.中国古代盗窃罪概念的演进及形态[J].法学评论，1993（06）：48-53+73.

② 刘柱彬.中国古代盗窃罪概念的演进及形态[J].法学评论，1993（06）：48-53+73.

③ 刘明祥.也谈盗窃与抢夺的区分[J].国家检察官学院学报，2019，27（05）：99-112.

成语“明抢暗偷”就指明：“抢”为公然性，“偷”为秘密性。而如果把公然窃取他人财物认定为盗窃，与民众的朴素观念相悖。早在20世纪末最高人民法院发布的有关司法解释就对盗窃罪进行了解释，并限定了行为方式必须是“秘密窃取”。这既是学界的通用观点，也体现了国民的朴素法律观念。如果运用语义限度规则，那么修某某抢夺案中，公然将试戴的金项链拿走就属于公然取财，是一种抢夺行为，与判决书认定的行为性质相同；在谢某某盗窃案中，谢某某公然将试驾的摩托车骑走也属于公然取财，也是一种抢夺行为，与判决书认定的行为性质不同。由上可知，语法解释无法得出结论，接下来进入文法解释。

2.关于“盗窃”的文法解释

对“盗窃”一词进行文法解释，旨在从行文之章法层面分析“盗窃”的含义。在我国刑法条文中，“盗窃”一词出现了21次，除了涉及盗窃罪以外，还包括盗窃或者骗取增值税专用发票的犯罪、侵犯商业秘密罪、拐骗儿童罪、组织未成年人进行违反治安管理活动罪、抢劫罪等多个罪名。根据文法解释之同一律规则，面对同一问题，思维要保持一致性和确定性，避免对同一概念、同一问题做不同的理解。因此，在上述罪名中，无特殊情况，“盗窃”一词应当作相同的理解。在修某某抢夺案和谢某某盗窃案的分歧中，除了要解释“公开窃取”是否属于“盗窃”以外，还要回答“公开窃取”是否属于“抢夺”。因此，在运用文法解释时，还要运用同一律规则考察“抢夺”一词在刑法条文中的含义。“抢夺”一词在刑法条文中出现了14次，根据同一律规则，“抢夺”应当作相同的理解。值得一提的是，我国《刑法》第二百六十八条规定了聚众哄抢罪，这里的“抢”与抢夺罪中的“抢夺”应当作同一理解。但如何理解，文法解释不能得出结论，需要进一步进行论理解释。

（二）关于“盗窃”的主要方法之论理解释

关于“盗窃”的主要方法之论理解释，是指运用主要方法即论理解释之下的体系解释和目的解释。亦即，这里的“主要方法之论理解释”是指体系解释和目的解释。但由于次要方法不能脱离主要方法独立存在，故在需要运用次要方法时，将在次要方法所依附的主要方法中一并体现其运用。在关于“盗窃”的主要方法之论理解释过程中，运用体系解释，考察“盗窃”所在条文与其他法条之间的关系，即盗窃罪与抢夺罪之间的逻辑自洽。运用目的解释，来阐明盗窃罪与抢夺罪的立法目的。在探求刑法规范目的的过程中，运用的次要方法有比较解释和历史解释，它们对于确立盗窃罪和抢夺罪的刑法规范目的，起到了重要的辅助作用。

1.关于“盗窃”的体系解释

对“盗窃”一词进行论理解释，需要从体系解释开始。运用体系解释，对“公开窃取”是否属于“盗窃”进行论证说理，旨在实现刑法条文的逻辑自洽。在解释“公开窃取”是否属于“盗窃”时，应当充分考虑“盗窃”一词所在条文与其他刑法条文之间的关系。

从刑法体系上来看，我国刑法分别规定了盗窃罪和抢夺罪，并且进行了明确的界分。传统观念上，盗窃罪的非法取财方式是秘密进行，抢夺罪的非法取财方式是公然进行，二者是此罪与彼罪的关系，是截然不同的两种犯罪。

再来看《刑法》第二百六十七条抢夺罪中的“抢夺”行为。“抢”和“夺”的基本字义都是硬拿，强取，“抢夺”一词也属于并列式结构，意为强拿、强取，重在强调行为的公然性、公开性。根据体系解释的逻辑自洽规则，既然抢夺罪强调行为的公开性，那么与之进行区分的盗窃罪不应该涵括“公开窃取”的行为。

2.关于“盗窃”的目的解释

通过体系解释可知，盗窃罪与抢夺罪之间并非法条竞合关系，而是此罪与彼罪、截然不同的两种犯罪类型。对于“公开窃取”行为是否属于“盗窃”，应当充分考虑盗窃罪与抢夺罪的明确界限。有学者运用比较解释得出“公开窃取”应当属于“盗窃”的结论。的确，许多国家（如德国、日本）在理论和实践中，都将采取秘密方式和公开方式实施窃取的行为视为盗窃。德国、日本等国家之所以将秘密窃取和公开窃取都解释为“盗窃”，是因为这些国家的刑法并没有规定抢夺罪。在没有对盗窃罪和抢夺罪进行区分的前提下，如果将“公开窃取”行为排除在盗窃罪之外，那么就会造成处罚的漏洞。但是，比较解释作为一种解释方法存在一定的局限性，不能因为“外国那样规定，我国就要那样规定”，因此进行比较解释还应当结合我国的国情。具体来说，比较解释的合理实现，需要根据我国刑法立法和刑法理论，尤其是刑法的规范目的、罪名的设置来分析。

首先，我们需要回答一个问题：盗窃罪和抢夺罪的保护法益是什么？二者是否相同？盗窃罪和抢夺罪是典型的、传统的自然犯，同属于侵犯财产型犯罪，二者的立法目的均为保护公私财产不受侵犯，这是毋庸置疑的。但是张明楷教授强调抢夺罪具有以下特点：一是对物的暴力；二是必须针对他人紧密占有的财物实施①。亦即盗窃罪和抢夺罪的保护法益还是具有细微的差别，抢夺罪有可能会轻微地侵犯人身权利（或有侵犯人身权利的危险），其社会危害性程度略高于盗窃罪。按照这种思路，抢夺罪的量刑幅度理应高于盗窃罪。但事实上，我国刑法对盗窃罪的刑罚规定要高于抢夺罪。比如，在犯罪情节上，依据刑法第二百六十四条规定，“多次盗窃”“入户盗窃”“携带凶器盗窃”“扒窃”的，不受数额的限制，均成立盗窃罪；而在抢夺罪中，除了“多次抢夺”不需要满足数额要求以外，与上述行为类型相似的抢夺行为，还必须满足数额要求，才能构成抢夺罪，这样看来盗窃罪的入罪门槛要低于抢夺罪。这与抢夺罪对物暴力、对人轻微暴力的限定并不相称。因此，下面认为不应当将抢夺罪限定为对他人紧密占有的财物行使有形力，盗窃罪与抢夺罪在保护法益上是相同的。

1978年12月联合修订组起草的第34稿《中华人民共和国刑法草案》，“盗窃”一词替代了“偷窃”②，这种规定一直沿用至今。从“盗窃罪”和“抢夺罪”的历史沿革可以看出，“盗”在古代具有宽泛的意义，包含秘密性的“窃取”和公然性的“抢夺”。但刑法立法有意将“盗”的公然性和秘密性区分，从“窃盗”至“偷窃”再到“盗窃”的表述演变可以看出，现代意义上的“盗窃罪”核心词在于强调“窃”，即秘密性，这也是区分“抢夺罪”中“公然性”的关键。

综上所述，盗窃是指以非法占有为目的，秘密窃取他人公私财物的行为。由此，“公开窃取”属于抢夺行为，谢某某盗窃案中将“公开窃取”解释为盗窃行为，并不符合对“盗窃”含义的解释结论。

（三）次要方法使用说明

在解释“盗窃”一词是否包含“公开窃取”行为时，综合运用了文理解释和论理解释。根据主要方法与次要方法间的协同规则，比较解释、历史解释作为一

① 张明楷.刑法学[M].北京：法律出版社，2021：1295.

② 高铭暄，赵秉志.新中国刑法立法文献资料总览[M].北京：中国人民公安大学出版社，1998：391-392.

种次要方法，在对“盗窃”一词进行刑法解释过程中起到了辅助作用，并协同主要方法共同完成了解释任务。运用比较解释，主要是借鉴了德国、日本对盗窃行为的规定。但比较解释具有局限性，需要结合本国国情，考虑我国刑法的规范目的和罪名设置。因此，比较解释为论理解释提供了一个很好的参考线索，通过比较解释，我们发现德国、日本等国家将秘密窃取和公开窃取都解释为“盗窃”，主要是由于这些国家的刑法并没有规定抢夺罪。由此，提出对抢夺罪和盗窃罪进行界分。运用历史解释，主要是通过考察盗窃罪、抢夺罪在我国的立法沿革，证明盗窃罪和抢夺罪的立法目的在于区分二者的行为方式：一个是秘密性，一个是公然性。比较解释和历史解释共同辅助目的解释，探寻到了刑法规范的目的。

刑法解释是法律适用过程中的重要环节，对于确保刑法的正确实施具有重要意义。在盗窃罪的司法实践中，通过综合多种方法，可以确保法律解释的准确性和公正性。同时，刑法解释需要结合具体案件事实和社会实际情况，灵活应对各种复杂情况，以维护社会的公平正义和法律的权威。

第四节　积极刑法观下我国刑法的发展

一、积极刑法观的提出背景

我国刑法自 1979 年颁布至今走过四十多个年头，1997 年刑法的出台取代了 1979 年刑法，法律条文的数量在之前的 192 条的基础上新增了 260 条，罪名数量也发生了变化。到 2024 年 3 月 1 日止，在这 27 年间内我国刑法修改平均两到三年出台一部，法律修正和新增的刑法条文数量达 219 条，接近全文的一半。同时不少的条文对具体罪名的构成要件以及所要判处的法定刑高低都进行了完善，当前我国刑法罪名有 483 个，犯罪圈的扩大指日可待[①]。

司法实践中对此亦有反映，由于法律规则最大限度地实现了法的稳定性和法的可预测性，以确保社会公民对自己的行为后果有清晰的认识，从而对其行为具有指导作用，公民可以在行为可预知的范围内进行活动。同时，面对当前社会存在的各式各样的不法行为，则要求通过刑事法律制度的不断完善制订合理的解

① 姜涛.中国刑法走向何处去：对积极刑法立法观的反思[J].法学专论，2021（05）：116.

决方案，保证其作为一种社会治理规范能够与时俱进。在实践过程中，司法机关往往先于立法机关对一些不常见的危害行为进行及时的规制，是通过最高人民法院、最高人民检察院对具体行为进行扩张解释，将该行为纳入刑法的保护范围。主要是因为当前社会矛盾层出不穷，对于一些新型的危害行为刑法并没有进行一个明确的规定，正因如此，扩张解释在司法实践中越来越常见，同时司法解释的随意发挥，罪名被“信手拈来”为刑事司法的进一步扩张提供了滋生的土壤。

积极刑法观的表述主要是通过当前刑法介入社会生活并呈现积极、主动的姿态归纳而来，由此，理论界将这一现象称为积极刑法观，并以此主张刑法要不断满足社会需要，犯罪化具有一定的合理性。当然学术界仍然存在争议，在当前经济全球化发展的大背景下，新类型的犯罪层出不穷，这就要求刑法规制的范围也应有所扩大，很多行为在刑法中的界定不清，需要刑法明晰概念，细化保护范围，这无论是对于当代立法者还是当前刑法的发展来说，既是机会也是一种挑战。不少学者对这一现象持反对态度。积极刑法观的提出，为研究“中国未来刑法发展方向”提供了良好的分析视角，积极刑法观强调刑法与社会相互作用，并对刑事立法做出符合社会发展的理论诠释，是刑法学研究的正确方法。当然积极刑法观预防理论的提前介入尚未达成统一认识，在理论界也存在较大的分歧，以及当增设新罪已成为不可回避的趋势时，刑法该如何发挥其最大的预防及法益保护功能，值得我们探讨。

二、积极刑法观内涵界定

理论界存在的刑法观应具有内涵丰富、逻辑严密性等特点，刑法随着社会环境的变化而不断完善，所处的时代不同，将会形成不同的刑法观，比如农业社会经济不足，信息不畅以及人们的思想观念相对迂腐，报应刑及重刑主义明显。而到了工业社会时期，认为刑法介入社会是一种恶的体现，人们可以通过自己的感知规制自己的行为，较为重视人道主义。虽然针对当前刑法立法的活跃化这一现象，许多学者采用积极刑法观这一概念，但也有一些学者所说的积极刑法观并非同一个意思，相互间仍存在着差别，对于积极刑法观并没有一个清晰明了的界定，这就意味着积极刑法观某些方面存在被“滥用”的嫌疑。为了更好地评析积极刑法观是否在我国确立，有必要明确、清楚界定其含义。

（一）积极刑法观的具体内涵

目前刑法界不少学者认为，“刑法扩张内涵丰富不仅仅是立法上规范的制定，同时在司法上最高人民法院、最高人民检察院通过扩大解释，做出不利于被告人的解释，以及适应社会生活与其他相关法律进行衔接等方面”[①]。例如，在《积极主义刑法观及其展开》一书中，付立庆教授提出：“积极刑法观不仅只是立法上的积极，在刑事司法中也需运用各种刑法解释方法，尽可能应对当前社会存在立法空白的问题。”[②]对于这一观点并未得到理论界的一致认可，一部分学者认为积极刑法观只是立法层面的犯罪化，仅限于在立法层面去使用[③]。当然也有其他学者认为积极刑法观应该从两方面去考虑，在立法上通过不断地增设新罪扩大刑法的处罚范围，而在司法实践中则通过限缩解释对该罪名的适用进行限制，主要是防止刑法的过度扩张违背刑法谦抑性理念，同时防止刑法的过度扩展会限制国民自由，以及防止过度干涉。总而言之，主张刑法的立法积极、在司法上的消极立场，显然与付立庆教授所提出的全方位推进积极思想有所不同。

下面所主张的积极刑法观包括三个方面：首先，在理论上，当前犯罪化的扩大是刑法积极回应社会问题、参与社会治理的具体体现。其次，在立法方面主张通过增设一些轻微犯罪，扩张处罚范围应对社会风险。这里刑法的积极扩张不仅体现在罪名的新增上，也要求刑罚幅度符合社会的发展。最后，要求在司法实践中，在法条查无可循的情况下能主动运用解释。

（二）积极刑法观与相似概念的辨析

在法学界，还有所谓预防刑法观、风险刑法观、功能主义刑法观等。大部分学者对这些概念之间的区分没有一个明确的界限，在进行学术研究的过程中将它们不加区分混淆使用。笔者认为这几个概念之间虽然相互联系但在实质上还是不同的，理应有所区分。

---

① 刘艳红.积极预防性刑法观的中国实践发展——以《刑法修正案（十一）》为视角的分析[J].比较法研究，2021（01）：63.

② 付立庆.积极主义刑法观及其展开[M].北京：中国人民大学出版社，2020：172.

③ 黎宏.预防刑法观的问题及其克服[J].南大法学，2020（04）：20.

1.预防刑法观

所谓的预防刑法观，即在实害结果出现之前进行积极预防，主要表现在将之前一些尚未构成犯罪的预备行为、帮助行为规定为违法犯罪行为，与积极刑法观有相似之处但在本质上还是有所不同，前者更加关注刑法介入的时间点，而积极刑法观所主张的不仅是时间的介入，还在于范围的扩大，刑罚结构更加严密化。例如，《中华人民共和国刑法修正案（十一）》新增的负有照护职责人员性侵罪，该罪的行为对象是指14~16周岁的女性，在这一阶段已经具备性承诺能力，不满足构成强奸罪的行为要件，也不属于预防刑法观下法益保护前置化或危险行为，或预备行为实害化的任何一种。这一罪名的设立在一定程度上属于对强奸罪处罚范围的一种扩大。积极刑法观包含预防刑法观的一些刑法理念，但是两者不能画等号。众所周知，刑法上的预防本来就存在特殊预防、一般消极预防和一般积极预防等含义，故不能将其简单地概括为预防刑法观，并不妥当。

2.风险刑法观

风险刑法观强调在人类面临威胁和社会所制造的风险不断扩大的今天，刑法应积极回应、主动地参与社会生活，这与积极刑法观的基本理念相吻合。劳东燕教授认为社会风险层出不穷已成为当前社会面临的巨大挑战，传统刑法在研究范围以及总体内容上显得零散，而且不能很好地解释诸多问题（实行行为范围扩大、危险犯、责任形式变更等）。但是，风险刑法理论的提出尚未得到广泛认可，很可能失去其现实基础。风险刑法理论从当前社会中存在大量风险引申而出，两个“风险”存在类似性。风险刑法理论最根本的不足就是它曲解了风险社会，特别是风险范畴的真实含义（也就是现代化风险的不可控性），其主要内容仅仅停留在“风险社会”的词语含义，被称为有风险的社会，这只是与当前社会普遍存在的人们对社会的焦虑和对社会发展不安的心理相符合，不能准确厘清风险社会与传统社会两者间风险的区别，因此使得刑法理论与社会理论不能够很好地衔接。笔者认为风险刑法观与积极刑法观的提出背景具有相似性，但是前者用语本身存在着较大争议，缺乏现实的理论基础。

3.功能主义刑法观

功能主义刑法观强调的是将刑法视为一种工具所具有的功能和使命。在刑事立法与司法实践中，重心在于明晰刑法在社会中所具备的功能，并进行理论建构与刑法解释[①]。强调刑法理应发挥自身的调节作用不断融入社会生活，是一种刑法的刑事政策化的变化，在一定程度上也体现了介入社会生活的积极态度。而与之不同的是功能主义刑法观需要界定刑法的具体任务是什么以及本身所要发挥的功能，以此为基础，才能去考虑是否有必要进行立法以及对现有法律条文如何进行符合社会发展的解释，这一点与积极刑法观所主张的内容具有一致性。但功能主义刑法不是一成不变的，有学者指出，“每个国家由于社会情况的不同对于刑法的态度也不同，刑法在所在国所起的作用也就千差万别”[②]。因此功能主义刑法观就好比一个中立者，积极刑法观更偏向积极主动的一方，两者之间有区别。

综上，三种刑法观所主张的部分内容与积极刑法观有相通之处，但是不能将它们完全画等号，还是有所区别的，笔者认为针对当前刑法的扩张，采用积极刑法观更为贴切。

（三）积极刑法观的基本立场

刑法学界以张明楷、周光权教授为代表的刑法学者更偏向刑法犯罪化，认为刑法积极介入社会具有合理性以及满足了社会发展需要，对于其持肯定态度，并主张今后应继续保持这一立场。主要基于以下几个方面。

1.体现了刑法鲜明的时代特征

当今社会正处于三期重叠的关键时期，犯罪呈现出许多新类型、新特点。我国当前面临许多新的挑战，刑事法律也将不可避免地更新治理理念。例如，《中华人民共和国刑法修正案（九）》的出台主要是受当时社会环境的影响，符合当时社会需要，具有可行性。同时，促使国家在治理体系和治理能力方面更加完善，促进社会治理方式的转变等重大战略目标的实现，是对积极稳妥协调有序推进司法体制和社会体制改革的积极回应。在德国，刑法学界主张“刑法本质的变化主要取决于所处的社会环境因时而变，不能固守传统”。

① 劳东燕.刑事政策与功能主义的刑法体系[J].中国法学，2020（01）：128.

② 王强军.功能主义刑法观的理性认识及其限制[J]..南开学报（哲学社会科学版），2019（03）：113.

2.刑法积极应对社会问题有助于树立刑法的权威

社会情况复杂多变、科技的进步使得案件的复杂性程度提高，新类型的案件层出不穷。在一些经济不发达、立法水平较低的国家，如果只是关注条文本身，教条式地坚守传统刑法观所主张的、刑法条文本身所具有的安定性，导致法官、检察官、律师等形成法律条文至上的观念，在具体案件中容易造成冤假错案，对社会的发展也是极其不利的。刑法权威的树立是在具体的刑事司法实践过程中形成的，由于当前所处时期社会矛盾复杂性，此时刑法介入彰显了新时代刑法的使命和担当，以及国家的繁荣富强。回应当代社会，以危险犯的不断增多、犯罪化的扩张、保障安全为主、发挥刑法的预防功能等为特征的积极立法理论，不仅迎合了当前社会变化而引发犯罪类型多样化的基本趋势，更符合当前人类生存发展的需要。

（四）折中刑法观的基本立场

积极刑法观与传统刑法观对于犯罪的不断扩张是否违背了刑法谦抑性理念持截然相反的态度，甚至可以说传统刑法观更加注重人的自由，而积极刑法观则以保障社会的稳定和谐为目标。但是从折中主义刑法观的基本理念来看，它们并不是互相对立的关系，只是程度上谁占比较大的问题。积极刑法观认为在司法上的谦抑远比立法上的谦抑更为重要。“立法积极要有底线，同时在一定程度上受传统刑法的思想制约；保持消极但同时要有所发展，刑罚对社会的不断保护和刑法本身所具有的保障人们合法权益的获得应该在具体的司法实践中进行”①。有学者从刑法谦抑主义观念出发，主张通过立法上的不断扩张与司法实践中对罪名的适用进行限缩，从符合除罪条件的不构成犯罪的角度出发，希望在实现传统刑法谦抑性理念的同时扩大刑罚范围，以适应当前社会需要。另外，有一部分人从具体现实案件的处理的角度出发，强调在在治理与金融、财产相关的领域犯罪的过程中，应从立法和司法不同的角度进行考虑，立法过程中由于此类犯罪的社会危险性较大，更应重视刑法规制，可适当地扩大犯罪圈，加大处罚力度，严厉打击金融乱象，积极防范化解金融风险。在司法中更应重视刑法的谦抑性，灵活适用管制、拘役等强制措施，积极引导犯罪嫌疑人去认罪认罚从而放宽、鼓励和引导

① 梁根林.刑法修正维度、策略、评价与反思[J].法学研究，2017（01）：50.

犯罪嫌疑人、被告人坦白，并积极主动退赃退赔，赔礼道歉，坚持教育感化挽救的刑事政策，尽力去弥补受害人的损失，有效化解彼此间的矛盾。总之，折中刑法观的核心目的就是不偏不倚、保持中立。

三、积极刑法观下刑法发展的总体思路

（一）加强对风险的预测和评估

如前文所述，风险社会的来临和变化是积极刑法观在我国得以适用的主要动因，基于控制当前社会中的风险和保护社会稳定发展的需求，刑事法律涉及的范围需要被扩大，但是如果一味地坚持扩大，过于强调对社会的保护作用，就会对自由和人权的保障造成冲击。因此，对社会风险的评估、预测就显得格外重要。所谓社会风险的评估，是指对可能给社会造成损失的不确定因素及其变化的事前审定。对于已经存在于犯罪圈之中的危害行为将其犯罪化毋庸置疑。这里的风险预测和评估主要是针对那些处于犯罪圈边缘稍加不注意就会踏入圈内的违法行为进行的预测与评估。当前社会我们每天都会面临不同类型的风险，要求刑法对社会中所存在的所有风险进行控制既不合理也不现实。当前犯罪圈扩大已成为必然趋势，但是否有必要增设某个新罪取决于对该行为风险性大小进行预测和评估，也就是说该行为创设的风险必须是现实存在的，具有造成法益侵害的较大可能性。

因“风险”一词具有模糊性，不论当前社会是否承认“风险社会”这一理论，现代社会所指的“风险”已经与以往的风险大不相同。与之前相比，现代社会的风险具有人为性、不可预测性、所造成的后果极其严重等特征。[①]这一方面主要来自当前科学技术进步本身，另一方面受政治、经济的影响。因此将这种侵害法益的“风险行为”称“危险行为”。对于危险的判断可以通过其所造成后果的严重程度和造成发生的可能性大小两方面进行。根据这一理论，被纳入刑法处罚范围的行为具有两方面的特征：一是对社会、国家所带来的后果越严重，则对此类犯罪构成要件要素的规定越低，如将恐怖主义犯罪中存在的预备行为实行化、帮助行为正当化，虽然准备实施该活动尚处于准备阶段，所导致实害结果发生的可能性比较小，但是一旦经过准备阶段的实行行为将会造成极其严重的结果，通过

① 劳东燕.风险社会中的刑法：社会转型与刑法理论的变迁[M].北京：北京大学出版社，2015：16.

辩证的思维去看这一问题，是非常有必要将该行为的准备行为运用刑法来规制的。二是可能所造成的法益侵害越小，则危害行为发生可能性的要求越高。如生活中常见的醉酒驾驶行为。如果所增设的罪名只要满足以上两种模型中的一种，就可认为该立法具有合理性，即可作为衡量与评估风险的模式。

（二）建立适当除罪机制

在刑事立法活跃化的当下，我国刑罚的供给数量不断扩大，输出量也不断增加。例如，自“醉驾”入刑以来，司法实践相关刑事案件激增（有的地方危险驾驶的案件占刑事案件的40%），刑法对该罪的最高法定刑规定为6个月，不是太重，但涉嫌犯罪被判处刑罚后，与其他犯罪分子无异，将面临开除公职，以及个人信贷、征兵、就业等诸多方面的除刑罚以外的负面效果。因此，来自社会的批判也会逼迫犯罪人再次走上犯罪的道路，不利于犯罪预防目的的实现。惩罚并不是刑法规制犯罪的根本目的，刑法对犯罪分子实施惩罚的同时，更倾向于教育，预防他们再次走上犯罪的道路。对于一个正常的理性人，他也不会主动选择犯罪而承受刑事处罚。可以通过其他法律手段调整解决的问题尽可能地不要通过刑法手段调整，能够用较轻地方法律规范调整的犯罪行为尽量不用较重的刑法手段。

在扩大刑法处罚范围的同时，建立适当的除罪机制。除罪是指原本属于犯罪的行为不再进行犯罪处罚。即便是危害行为较轻的犯罪案件，一旦要进入公诉程序，需经过侦查、批捕、公诉、审判等环节。如果某个犯罪行为极其恶劣，司法机关依法对犯罪行为进行惩罚是伸张正义之举。但是就轻微刑事案件而言，如果不加以区别，将是对我国司法资源的一种浪费。可以根据某些轻微犯罪嫌疑人犯罪性质、年龄、处境及犯罪后的表现设立暂缓起诉制度，经过调查确没有必要追究刑事责任时，可以采用赔礼道歉、赔偿损失或附期限附义务承担一定的社会公益服务等方式。如果在期限内履行了附随义务，就可以终结诉讼。目前，某些地方的基层检察机关开始试行暂缓起诉制度，并取得了良好的效果。

刑法在扩张的同时要根据社会形势的变化适时将一些不再适合认为属于犯罪的行为排除在犯罪圈外。常见情形有三种：一是刑法所保护的法益已经消失或者该法益不再属于需要刑法保护的法益，不具有可保护性。二是原有行为不再被认为是危害行为。比如，对于安乐死是否构成犯罪，理论界存在很大的争议，我国将这一行为认定为故意杀人罪。而在现实中安乐死更多地应用于一些身患绝症的病人，他们请求自己的朋友或者亲人来结束自己的生命，因此可以认为病人的承诺具有合法性，肯定了行为人该行为不具有法益侵害性，应尊重个人自由的选择，将安乐死除罪化。三是对于没有被害人的犯罪行为除罪，如赌博行为在我国被明确禁止，但在其他一些国家赌博行为是被允许的，有利于当地经济的繁荣。所以对于并不侵害到第三人利益的赌博行为，也应该在我国刑法中进行除罪处理。又如聚众淫乱罪，是典型的无被害人犯罪，基于公序良俗的考虑在短时间内废除该罪缺乏可行性，可以在立法上对此加以限制，对于那些当事人自愿秘密实施的性行为，不应受刑法的干预，只有那些聚众以不特定的人通过可以发现的方式实施淫乱行为的，才会对善良风俗造成侵害，属于刑法规制的范围。

（三）形成“严而不厉”的刑罚结构

刑法的扩张使得刑法规制范围不断扩大，刑罚总量逐渐增加，将可能造成刑法的泛化或者说社会治理的刑法化问题，需要我们警惕。一是刑法过多地干预我们的生活，动辄涉刑，呈现泛刑法化，造成社会成员行为拘谨，不利于社会成员积极主动创造社会。二是泛刑法化导致刑法边缘化。例如，法定犯过于扩张，就会淡化对犯罪的否定评价，最终削弱刑法的作用。为此，平衡犯罪与刑罚的关系，即形成“严而不厉”的刑罚结构就显得尤为重要。

所谓的刑罚结构，是指各种犯罪与刑罚方法的排列顺序及比例份额。从刑罚的结构发展历程可以看出，发展初期的刑罚主要类型是死刑和肉刑，到如今，在人道主义观念的影响下，刑罚结构逐渐以自由刑为主要角色。现代社会中人们对于保障人权的观念也进一步加深。

早在20世纪80年代，储槐植教授就已提出要构建“严而不厉”的罪刑结构。其提倡在“惩罚犯罪”的基础上更加注重“保障人权”。“严而不厉”的刑罚结构要有两方面的价值：第一，“严而不厉”是一种法律思想，有利于构建美好和谐社会。从宏观方面来讲，“严而不厉”的法律思想重视保障人权。第二，国家之间的联系越来越紧密，由于受到“严而不厉”的法律思想指引，刑罚逐渐朝着轻缓化的发展方向变化。信息科技的高速发展为部分犯罪行为的实施提供了很大的便利，导致社会中出现很多新型的犯罪现象，部分严重类型的犯罪也多有发生，给社会治安的维护带来了诸多困难，尽管人们的法律意识普遍有所加强，但仍然无法改变如此态势，因此选择通过刑法来对这种现象进行规制，符合当前的实际需求，可以被理解。但是，在刑事法网愈加严密的同时必须调整刑罚结构，注重往轻缓化的方向发展。

受到多重因素影响后，刑罚的结构会发生变化，由于各个国家之间的发展背景、文化传统以及刑事政策等都存在差异，因此各国的刑罚结构也存在不同。在2010年宽严相济刑事政策的指引下，《中华人民共和国刑法修正案（八）》在我国的刑罚结构方面作出了一定的变化，比如多个因实施经济类型犯罪行为的、可能被判处死刑的罪名中，死刑作为其中刑罚的一种被废除，同时，禁止令和社区矫正等刑罚的适用对象也得到扩大，尽管做出了这些调整措施，但是以重刑为依托的刑罚结构的根基并没有发生变化。刑罚的轻缓化发展需要在一个动态发展过程中缓慢进行，对于我国现行的刑罚结构，如果要对其作出调整，就必须从以下两个方面入手。

第一，对刑罚适用方法作出调整，如在目前主刑适用类型的基础上将罚金刑进行单独适用，从司法实践中看，我国主要在经济犯罪案件中适用罚金刑，并且在多数情况下，罚金刑只是作为自由刑的辅助进行适用，而很多国家的罚金刑都是作为独立的刑罚适用的。当代社会，财产的重要性凸显，相比于人身自由的剥夺，有时财产的剥夺更具有惩戒效果。

第二，调整刑罚幅度。刑法在设定某罪的法定刑时应当进行全面思考。法定刑幅度太小不利于罪刑相当和刑罚个别化的实现；太大则缺乏可操作性，会造成轻纵犯罪和惩罚过度的现象。因此，法定刑幅度要适中。我国刑罚一直存在法定刑幅度过大的情况，比如，现行刑法罪名的自由刑刑期最高刑，5年以上有期徒刑的占多数。一项罪名在规定的法定刑幅度范围内可以设置多个量刑档次，我国的很多刑法罪名中都有这样的操作，但是由于设置量刑档次时并没有统一的标准，也没有明确的操作要求，因此会导致其在司法实践中被适用的时候出现罪责不统一的情形，难以保证公平和正义。从实际来讲，在如今的社会发展状态下，已经有犯罪行为的量刑标准与社会发展实际不相匹配的现象。比如在关于盗窃罪的规定中，行为主体盗窃的数额达到三十万元至五十万元时，会被认定为数额特别巨大，同时意味着行为主体会面临十年以上的有期徒刑，但如今关于这一罪名的数额标准规定已经呈现出落后的态势；而且在贪污犯罪中涉案金额达到三百万元才可能会被判处十年以上的有期徒刑。相对比看，这两者的规定不协调。法定刑幅度作为刑法针对某一犯罪行为或某一类具体犯罪行为作出的刑罚标准规定，其设置的过程应该坚持明确性原则，同时也要体现均衡性和适度性的理念。

（四）建立前科消灭制度

随着社会的不断进步与完善，我国刑法正在以一种积极、主动的姿态进入社会生活，这一现象甚至得到了不少刑法学者的支持，同时也遭受了一些批判[①]。在此过程中形成了与刑法的稳定性、谦抑性之间的关系理论以及严而不厉刑罚结构等基础理论。其实，在刑法不断扩张的过程中必然会面临犯罪人数的激增。

积极刑法所带来的不只是“刑罚量”的增多，同时助长犯罪人标签化效应，前者是一时的，后者却往往是终身的。此时犯罪前科制度是一种伴随于犯罪认定结果而出现的间接后果，值得我们去关注。近年来，醉驾行为逐渐超越盗窃而成为第一大刑事犯罪类型，部分学者在赞同“醉驾入刑”可以有效预防交通事故发生的同时，也指出将醉驾行为大量予以科处，提升了前科制度的负面效应，加剧了刑法治理社会的风险[②]。可见，在积极刑法背景下，前科消灭制度的构建成为立法者以及学界需直面的待决问题。

前科对犯罪人的否定主要来自两个方面：一是来自国家机关通过对该行为性质进行分析后所做的一种规范评价；二是来自社会大众的非规范性评价。

笔者认为，后者给犯罪人带来的影响较大，是一种人们无法控制的社会因素，无法消灭。因为犯罪人一旦被判处刑罚，就会被社会公众所知悉，遭受社会大众的批判以及一些不好的评价是在所难免的。国家机关所作出的具有国家强制力的一般性规定，可以帮助他们消灭一些不必要的评价，进而将犯罪人再社会化后的负面影响降至最低。面对近年来立法展现积极的现象，已有学者主张建立一套体系完备的前科消灭制度，但迄今为止尚未对该制度的具体内容作出安排。笔者认为可通过以下两个方面来构建。

一是转变思维，倡导包容理念。当前我国想要建立犯罪前科消灭制度，实现社会公众传统观念的转变，淡化“杀人偿命”“以牙还牙”等根植于人们心底的传统重刑主义、报应主义思想，倡导包容的价值观念至关重要。良好的社会评价有助于犯罪人更好地回归社会。当然，人们思想的变化不可能一蹴而就，需要通过时间、文化的洗礼，慢慢变化。但是思想转变缓慢并不代表无法变化。

① 周光权.积极刑法立法观在中国的确立[J].法学研究，2016，38（04）：23-40.

② 敦宁.醉驾治理的司法困境及其破解之策[J].法商研究，2021，38（04）：31-45.

二是前科消灭制度的具体构建需要从消灭的对象、范围、条件三个方面把握。首先，前科消灭适用对象应当以未成年犯为主，成年犯为例外。因为未成年人所处年龄的特殊性、不成熟性以及相较于成年人更加具有可塑性。其次，前科消灭的范围。前科消灭制度的构建范围需要采取“消灭为原则，保留为例外”的模式。比如部分犯罪行为具有广泛社会危害性，一旦发生将会给国家、社会造成极大的威胁，危险系数极大，不得将其纳入适用范围之列。比如性犯罪、恐怖犯罪，该类犯罪给受害人造成的危害不仅是身体上的，还会造成心理阴影，且该类罪成瘾性极大，再犯概率较高，不应纳入前科消灭制度的范围。最后，前科消灭制度的条件。笔者认为前科消灭制度应适用于一些危害性较低的轻微犯罪行为。对于严重犯罪，考虑到其犯罪性质的恶劣、后果的严重性、再犯可能性较大等情况，前科的保留对其能起到预警作用。前科制度的存在并不是百害而无一利，可以达到预防犯罪人再次犯罪的目的，因此不能直接取消该项制度，应有条件地取消特定犯罪行为的前科，这一过程不可能一蹴而就。笔者认为，应对特定的犯罪在行为人已经完成本该承担的刑事责任后，设置一个合理的期间，在此期间无任何违法违纪行为，表现良好、已被社会接纳即可向法定机关主动申请消灭其前科。前科一旦被消灭，该犯罪人在非刑事领域，任何人就不能够再以其曾有前科为由剥夺、限制其任何权利和自由。

第七章　国际法学

第一节　国际法概述

一、国际法的概念

国际法是国家在国际交往中通过协议或国际习惯形成的，协调各国意志的，由国家单独或集体的强制力保证实施的，具有法律约束力的原则、规则和制度的总体。

国际法是一种法律体系，是一种不同于国内法的特殊法律体系，具有以下特征。

（1）国际法主体有国家、政府间国际组织和正在争取独立的民族，其中国家是国际法的基本主体。

（2）国际法由国家之间的协议和国际习惯构成。

（3）国际法体现了国家之间的协调意志。

（4）国际法由国家单独或集体的强制措施保障实施。国际社会不存在超越国家的强制机关，只能依靠国家单独的或集体的行动来保障国际法的实施。

二、国际法的渊源

所谓国际法渊源，是指国际法作为有效的法律规范所形成的方式或程序。《国际法院规约》第38条第1款规定："法院对于陈诉各项争端，应依国际法裁判之，裁判时应适用：（子）不论普通或特别国际协约，确立诉讼当事国明白承认之规条者。（丑）国际习惯，作为通例之证明而经接受为法律者。（寅）一般法律原则为文明各国所承认者。（卯）在第五十九条规定之下，司法判例及各国权威最高之公法学家学说，作为确定法律原则之补助资料者。"虽然规约的上述规定没有直接提及国际法的渊源，只是列举了国际法院裁判案件时应当适用的法律或依据，但国际社会普遍认为这是对国际法渊源的权威说明。

《国际法院规约》第38条第1款将国际法的主要渊源归结为三种：国际条约、国际习惯和一般法律原则。此外还有确立法律原则的辅助资料。

（一）国际条约

国际条约是指两个或者两个以上的国际法主体依据国际法缔结的规定其相互之间权利义务的协议。1969年《维也纳条约法公约》规定，所有符合条约特征的一切国际协议，不论其特定名称为何，均称为国际条约，各缔约国承认“条约为国际法渊源之一”。《国际法院规约》将国际条约列为第38条第1项，表明了国际条约作为国际法渊源的重要性。条约之所以能成为国际法最主要的渊源，是因为条约是国家的明示协议。按照“条约必须遵守”的国际法原则，国家必须遵守国际法。同时，随着国际法的发展，国家间缔结的条约越来越多。

条约按照不同的标准有不同的分类。其中，依据条约实质内容的不同，可将条约分为契约性条约和造法性条约。契约性条约是指两个或多个国家就某些特定事项缔结的规定相互间权利义务的条约，如贸易、投资、文化、科技、邮电等方面的事务性规定。造法性条约是指创设、确认新的国际法原则和规则，或变更现有的一般国际法规则的条约，如《联合国宪章》等。契约性条约和造法性条约的区分有时并不明显，但都为缔约国创设国际法规则。少数国家缔结的契约性条约是特殊的国际法渊源，而由包括世界主要国家在内的绝大多数国际社会成员甚至几乎所有国家参加的造法性条约，一般能够对国际社会产生普遍效力，是一般性的国际法渊源。

（二）国际习惯

国际习惯是指在国际交往中，经国家反复多次实践而形成的被国家接受为法律的不成文的行为规则。国际习惯是国际法最古老和原始的渊源，在国际条约出现以前，国际习惯就已经存在了。国际习惯的形成，需要具备两个要素：一是物质要素，即通例的产生；二是心理要素，通例被各国接受为法律，即“法律确信”。通例来自国际社会成员在相当长的时间内对同一种法律关系反复多次地采取相同或类似的行为，行为的时间、数量和相同性是衡量通例是否形成的标准。法律确信是心理要素，即要求各国认为相同或类似行为是具有法律拘束力的。换言之，各国在进行这种实践时认为这是国际规则的要求，而不是简单地重复或模仿他国行为[①]。由于国际习惯是不成文的，因此必须有证明国际习惯存在的证据。一般而言，国际习惯可以在三种情况下形成，因而我们主要从以下三个方面去寻找国际习惯存在的相应的证据：一是国家间的外交实践，表现为条约、宣言及各种外交文书、国家法律顾问的意见；二是国际组织和机构的实践，表现为它们的决议、决定和判决；三是各国内部的实践，表现为国内法律法规、法院判决或者仲裁裁决、国家政策说明、行政命令、新闻公报、关于武装部队行为规范等法律问题的官方手册等。这三个方面的文书资料表明了国家的实践和意志，可作为国际习惯存在的证据。

由于国际习惯是经大多数国家长期反复实践并产生法律确信后形成的，因此国际习惯的形成可能需要几十年甚至上百年的时间。但是，并不是每一项国际习惯的形成时间都需要这么久，尤其是在现代国际社会，由于国际交往频繁，国际习惯也可能在较短时间内形成。

（三）一般法律原则

除国际条约和国际习惯之外，一般法律原则也是国际法的渊源。国际社会普遍认为，一般法律原则是国际法的补充渊源，因为这些原则有助于填补条约国际法和习惯国际法中的空白，或避免作出无法可依的裁定。根据《国际法院规约》第38条第1款的规定，一般法律原则必须“为文明各国所承认者”。承认是一般法律原则存在的基本必要条件，必须检视所有现有证据，证明一项一般法律原则已获各国承认。所谓“文明各国”，在现代国际法中是指国际社会中的主权国家。一般法律原则包括两类：一类是源自国家法律体系的一般法律原则，如时效原则、禁止反言原则、善意原则等；另一类是在国际法体系内形成的一般法律原则。这两类一般法律原则均需要经过分析识别方可确认。

（四）确定法律原则的辅助方法

《国际法院规约》第38条第1款规定，司法判例及各国权威最高之公法学家学说，在国际法院裁判案件时可作为确定法律原则的“补助资料”。国际法院在适用司法判例时，需要遵循《国际法院规约》第59条的规定：“法院之裁判除对

① 周忠海.国际法[M].北京：中国政法大学出版社，2017：29.

于当事国及本案外，无拘束力。”“补助资料”是国际法院在审理案件时用以确定法律原则或规则是否存在的辅助方法，不是国际法的独立渊源。

1.司法判例

司法判例主要是指国际法院等国际性司法机关作出的判决和裁决。国际法院是国际社会的最终司法机关，所以其判决的重要性和影响力尤为重要。除了国际法院外，诸如常设的国际仲裁法院，常设的国际法庭、仲裁庭，以及临时的国际法庭、仲裁庭的判例，也是确定法律原则的重要资料。之所以如此，是因为国际法院或国际仲裁庭在审理案件和适用国际法时，总要对国际法的原则、规则和制度加以证明和确认，这种证明和确认不仅为本案审理提供了补助资料，也能为以后案件的审理提供有益的参考。

司法判例一般不包括国内法院的判决。国内法院只是各个国家内部的司法机关，所作判决不能直接表现为国际法。但是，如果许多国家法院判决表达了相同的国际法观点，形成了关于国际法的国家实践，则可以作为确定司法判例成为国际法的证据。

2.公法学家学说

除了司法判例，“各国权威最高之公法学家学说”也是确定法律原则的补助资料。由于国际社会没有“造法机构”，公法学家的著作、学说从理论上阐述了国际法的原则、规则和制度，为确认国际法的原则、规则和制度的存在提供了有力的证据。事实上，权威公法学家学说曾经对国际法产生过重要的影响，如格劳秀斯的著作《战争与和平法》《海洋自由论》。尽管现代社会国际法逐渐发展完善，将权威学者学说、著作作为国际法证据的情况越来越少，但是学者学说、著作本身的价值以及公平性仍会对国际法的发展产生作用。

3.国际组织的决议

《国际法院规约》虽然没有把国际组织的决议列为确定法律原则的补助方法，但随着近几十年国际组织的大量增加，国际组织的作用不断扩大，引发了国际组织的决议在国际法渊源中的地位问题。特别是联合国这样重要的世界性国际政治组织，它的主要机关的决议，如联合国大会的决议，不仅在国际政治上具有重大的影响，而且在国际法上具有重要的意义。

联合国大会的决议，不仅数量很多，而且内容和表现形式各种各样，因而难以一般地明确它们的法律意义。但无论如何，联合国大会的决议，特别是包括有关国际法宣言的决议，在国际法上是有意义的。即使这些决议不直接拘束国家，但它们所包含的国际法原则、规则或制度，对于国际法的形成和发展也是起作用的，特别是在一致通过或压倒多数情形下通过的决议。因此，联合国大会的决议可以借以确定国际法原则、规则或制度的存在，可以与司法判例和公法学家学说并列为“确定法律原则之补助资料”。实际上，随着国际组织决议作用的不断增强，它们的法律价值是在司法判例和公法学家学说之上的。

三、国际法与国内法的关系

国际法与国内法的关系，既涉及两者在理论上的关系，也涉及两者在实践中的关系。

（一）国际法与国内法关系的理论

关于两者理论上的关系，主要有一元论和二元论两个派别。一元论主张国际法和国内法属于同一法律体系，从两者的效力关系来看，又有国际法优先说和国内法优先说两种观点。二元论认为国际法和国内法是两个不同的法律体系，就两者的效力关系而言，认为两者各自独立，互不隶属。

1.一元论：国内法优先说

一元论之国内法优于国际法的观点发源于19世纪末，并且在20世纪30年代再次兴起。支持这种观点的学者认为，国际法与国内法属于同一法律体系，并且国际法的效力来源于国内法，因此国内法的效力高于国际法。这个理论曾经被19世纪末一些德国公法学家所提倡，20世纪30年代一度在法西斯德国盛行。按照这个理论，国际法受每个国家国内法的支配，这使得国际法失去存在的价值。因此，这个理论现已被国际法学界所抛弃。

2.一元论：国际法优先说

国际法优先说是第一次世界大战（以下简称“一战”）之后兴起的理论。这个理论主张国际法和国内法属于同一法律体系，在这个法律体系中，国际法优先于国内法。国内法的效力依靠国际法，而国际法的效力则最终依靠于一个最高规范，即“条约必须遵守”或者“国际社会的意志必须遵守”。国际法优先说主张国际法在各个方面都优先于国内法，国内法应无条件服从国际法，因而贬低甚至否定国家的主权，使国际法蜕变成“超国家的法”或“世界法”。

3.二元论：国际法与国内法平行说

国际法与国内法平行说认为，国内法和国际法属于两个独立的不同的法律体系，这两个法律体系互不隶属，地位相等。这个理论把国际法和国内法的区别绝对化，抹杀了两者的内在联系，因而在实践中行不通。

国际法和国内法是两个不同的法律体系，由于国家既制定国内法，又参与制定国际法，因而两者之间不仅可以自然调整，也存在密切的关系，可以互相渗透、互相补充，并在一定条件下互相转化。

（二）国际法与国内法关系的国家实践

关于国际法与国内法的关系，除了国内法与国际法相冲突以致国家应负国际责任外，国家如何在国内实施国际法，本质上是由国内法加以规定的。

由于各国宪法体制不同，所以各国的实践也不尽相同。关于国际习惯在国内的适用，各国一般将其视为国内法的一部分，允许本国法院直接适用，如英国、美国、日本、德国、法国等。但是，各国在适用中所加的限制条件宽严不一、不尽相同。关于条约在国内的适用，从各国的实践来看，主要有转化和并入两种适用方式。转化又称“间接适用”，采用这种方式的国家一般通过国内立法程序，将国际条约的有关规定用国内法的形式表现出来，从而在国内适用。如英国，条约只有经过议会的立法程序转化成国内法后才能在其国内适用。并入又称“直接适用”，采用这种方式的国家为了使条约能在国内适用，在宪法、基本法律中或通过其他方式一般性地作出原则规定，从总体上承认国际条约为国内法的一部分，从而在国内适用。在这种方式下，国际条约的形式和内容并不改变，如德国、法国、俄罗斯等。

第二节 国际法的基本原则

一、国际法基本原则概述

国际法与其他法律体系一样，也有其基本原则。一般而言，国际法基本原则是指那些被各国普遍承认、在整个国际法体系中具有基础作用的法律原则。

从概念上看，国际法的基本原则具有以下基本特征。

（一）为各国所公认

得到国际社会的公认是国际法基本原则的基本特征之一。一项原则要在国际社会取得普遍约束力，必须为各国普遍接受，否则即便这项原则具有重大的意义，也不能成为国际法的基本原则。但是，“公认”并不意味着一项原则必须得到世界上所有国家的一致承认与接受，如果一项原则反复出现在各国所缔结的双边或者多边条约之中，或者出现在国际组织尤其是联合国大会的重要决议中，即可被视为获得公认。

（二）普遍性

普遍性指的是国际法基本原则具有的普遍适用性。一项原则一旦成为国际法的基本原则，就意味着这项原则可以对所有的国际法主体有约束力，可以适用于国际法各个领域，并对国际法所有领域都能起指导作用。例如，国家主权原则对国际法所有主体都有约束力，适用于国际法各个领域，因而属于国际法的基本原则。

（三）基础性

国际法基本原则的基础性，体现在国际法基本原则是国际法体系存在的基础，是国际法其他规则产生的源泉，可以指导其他一切规则制度的形成，也是判断国际法其他规则制度是否合法有效的标准。

与国际法基本原则有关的另一概念是“国际强行法”。强行法又称“绝对法”“强制法”，是指必须绝对执行的法律规范。它本来是国内法的概念，与“任意法”相对应。“国际强行法”是指国际社会公认的、必须绝对执行和严格遵守的国际法规范。《维也纳条约法公约》第 53 条规定，国际强行法是指“国际社会全体接受并公认为不许损抑且仅有以后具有同等性质之一般国际法规律始得更改之规律”，“条约在缔结时与一般国际法强制规律抵触者无效”。将国际法基本原则与上述规定对比可以看出，国际法基本原则完全具备国际强行法的条件和特征：国际法基本原则的“为各国所公认”和“普遍性”这两项特征同国际强行法的“国际社会公认”和“绝对执行”的特征是一致的，国际法“基础性”同国际强行法的“不许损抑”相吻合。由此可见，国际法基本原则具有国际强行法的特点。从而可以认为，国际法上的强行法范围不仅包括国际法基本原则，也包括其他必须遵循的带有强制性特点的原则、规则。例如，“政治犯不引渡原则”是引渡领域的具体原则，不是国际法基本原则，但属于各国必须普遍遵守的强制法规则。

二、国际法基本原则的内容

国际法基本原则是随着国际关系的发展而产生和发展起来的。第二次世界大战（以下简称“二战”）后，许多重要的国际法文献相继提出了一系列新的国际关系准则，国际法基本原则进入发展的新时期。

（一）《联合国宪章》与国际法基本原则

《联合国宪章》第2条规定了会员国应遵循的七项原则，是整个宪章的核心部分，具体包括：①会员国主权平等；②善意履行宪章义务；③和平解决国际争端；④不得武力威胁或使用武力；⑤集体协助；⑥在维持和平与安全之必要范围内，保证非会员国遵行上述原则；⑦不干涉别国内政。

作为最普遍的政府间国际组织的基本章程，《联合国宪章》规定的七项原则在很大程度上反映了国际关系的基本准则，在“二战”后的70多年里，这些原则在联合国大会所通过的决议及其他机构通过的文件中被反复援引，成为各会员国乃至普遍的国际关系的行为规范。

（二）和平共处五项原则在国际法基本原则体系中的地位

和平共处五项原则是“互相尊重主权和领土完整、互不侵犯、互不干涉内政、平等互利、和平共处”五项原则的总称。

1.和平共处五项原则的产生和发展

和平共处五项原则的提出，是中国国家身份和外交政策选择的必然要求。中国和其他国家签订的双边协议，特别是一系列友好条约，都规定以和平共处五项原则作为相互关系的基础。和平共处五项原则不仅在双边协议中得到体现，也在很多重要的国际法文件中得到确认。自1960年以来，联合国大会通过的一系列文件，如1965年《关于各国内政不容干涉及其独立与主权之保护宣言》、1970年《关于各国依联合国宪章建立友好关系及合作之国际法原则之宣言》（以下简称《国际法原则宣言》）和1974年《各国经济权利和义务宪章》等，都确认和平共处五项原则是国家间关系的准则。如今，和平共处五项原则已被国际社会承认为国际法基本原则，丰富和发展了国际法。这是中国对当代国际法发展的重大贡献之一。

2.和平共处五项原则的内容及重要意义

和平共处五项原则由五项原则组成。

（1）互相尊重主权和领土完整原则。该项原则是和平共处五项原则的第一项也是最重要的一项原则，包括互相尊重主权和互相尊重领土完整两方面的内容，并且两者是互相联系、密不可分的。只有国家主权的存在，才能保证国家领土主权不可侵犯，才能保证领土完整。国家主权被剥夺，领土主权就会受到侵犯，领土也不可能完整。

（2）互不侵犯原则。该原则是由国家主权原则直接引申出来的，是指各国在相互关系中不得以任何借口进行侵略，不得以与国际法不符的任何其他方式使用武力或武力威胁，侵犯另一国的主权、独立和领土完整，不得以战争作为解决国际争端的手段。

（3）互不干涉内政原则。该原则是由国家主权原则直接引申出来的，主张任何国家或国家集团不得以任何借口干涉他国的内外事务，不得以任何手段强迫他国接受别国的意志、社会政治制度和意识形态。内政就实质而言是国家在其管辖的领土上行使最高权力的表现。按照有关国际法文件的规定，凡在本质上属于国内管辖之事项，均属内政。它包括一国国内政治、经济、军事、文化等生活的一切方面，比如决定本国政治制度、经济体制、政权组织形式和国家政策、文化教育体制以及对外关系的建立、缔结条约、参加国际组织、出席国际会议等。

（4）平等互利原则。该原则包括平等和互利两方面的内容。所谓平等，是指国家不分大小强弱、人口多寡、政治制度和经济发展状况如何，具有平等地位，因而都应该互相尊重、平等相处，任何国家在与其他国家的关系中都不应该要求任何特权；所谓互利，是指各国在相互关系中不能以损害对方的利益来满足自己的要求，更不能以牺牲他国或榨取他国为目的，而应该对双方都有利。国家间的关系只有建立在平等的基础上，才能做到互利，也只有实现互利，才可能有真正的平等。

（5）和平共处原则。该原则是指国家在相互关系上应彼此尊重对方现存的社会、经济制度，促进国家间的互相了解，发展友好合作关系；如有争端，应以和平方式解决。

和平共处五项原则在国际法基本原则体系中占有重要地位，对国际法基本原则的发展有重大贡献。它的贡献在于：第一，和平共处五项原则与《联合国宪章》以及其他国际文件所宣示的国际法原则精神高度一致，同时是对这些原则的高度概括，更加集中地体现了国际法基本原则的精神实质，深刻地反映了当代国际关系的现实，成为指导当今国际关系的基本准则；第二，和平共处五项原则把五项原则作为一个原则体系提出来，以和平共处作为总目的，以其他四项原则作为措施保证，使和平共处五项原则具备了比其他单一原则更加全面和完整的内容，成为调整国际关系的主要准则；第三，坚持了国际法上的权利与义务相统一的原则，科学地突出了国际关系中“相互”这一关系，使这些原则有了新的特色，对于发展国际友好关系以及防止片面运用这些原则，具有重大理论与实践意义。

第三节　国际法的实践与应用

2023年，全国海事审判队伍坚持以习近平新时代中国特色社会主义思想为指导，深入学习贯彻党的二十大精神和习近平总书记关于加强涉外法治建设重要讲话精神，统筹推进国内法治与涉外法治，充分发挥审判职能作用，服务保障海洋强国建设，海事司法的国际公信力和影响力不断增强。

为充分发挥典型案例示范效应，彰显海事司法在化解国际海事纠纷、维护航运秩序、促进海洋经济发展三个方面发挥的重要作用，2024 年 6 月 8 日最高人民法院发布 2023 年全国海事审判典型案例。此次发布的案例，具有以下三个方面的特点。

一是注重实质性化解纠纷，全面打造海事纠纷解决优选地。充分发挥“东方经验”在国际海事纠纷解决中的独特优势。越来越多的外国当事人选择中国法院解决争议，如案例1中，当事人主动变更原合同约定的外国仲裁条款，重新约定争议由中国海事法院管辖并最终达成和解。在案例2中，一揽子化解碰撞、海难救助、货物运输等关联纠纷，保障长江黄金水道畅通，是海事司法贯彻“实质性化解”理念，践行新时代海上“枫桥经验”，保障航运安全和加强环境保护的生动实践。

二是明确裁判规则，不断提升海事司法国际影响力。深入实施海事审判精品战略，审结有规则指引作用、有助于推动法治进程的海事精品案例。在案例3中，中国海事法院依法行使管辖权，受理域外发生的船舶碰撞责任纠纷案件，驳回当事人以“不方便法院”为由提出的管辖权异议，为新民事诉讼法新增条款的准确适用提供参考案例。在案例4中，准确理解和适用《1989年国际救助公约》和我国海商法关于海难救助的规定，进一步明确船长或船舶所有人签订救助合同的法定代理权或紧急代表权的审查标准，既体现了对船长及时决定寻求救助的支持，也引导船长应当谨慎行使权利。

三是支持监督海事机关依法行政，助推海洋经济可持续发展。海事行政诉讼支持监督海事行政机关依法行政，促进行政执法统一尺度，维护行政相对人合法权益。如案例5中，行政机关未能正确解读有关法律规定和国家政策精神，海事法院积极引导海事机关在行政管理中“有为有度”，促进远洋渔业发展的利好政策落实落地，充分发挥专项补助资金激活海洋经济的积极作用，为远洋渔业的可持续发展、促进海洋新质生产力加快形成提供有力司法支持。

案例1：利比里亚某公司与印度尼西亚某公司船舶买卖合同纠纷案

【基本案情】

利比里亚某公司作为买方，与印度尼西亚某公司签订船舶买卖合同，约定购买印度尼西亚籍“NUSA”轮。利比里亚某公司支付定金后，印度尼西亚某公司未按约交付船舶。后双方就相关船舶买卖事宜达成和解协议，并约定有关争议或索赔均适用英国法律、在新加坡海事仲裁院依据其仲裁规则予以仲裁。此后，利比里亚某公司以印度尼西亚某公司违反和解协议约定为由，向青岛海事法院提出海事请求保全申请，请求对停泊在威海市某船厂的“NUSA”轮予以扣押。

【裁判结果】

青岛海事法院依照海事诉讼特别程序法第十四条规定，裁定准许利比里亚某公司的申请，对“NUSA”轮予以扣押。利比里亚某公司在扣船后向新加坡海事仲裁院申请仲裁。在等待外国仲裁过程中，双方当事人撤回了在新加坡的仲裁申请，选择由青岛海事法院对案涉纠纷进行处理。最终，双方当事人由青岛海事法院特邀调解员主持达成诉前调解协议，由海事法院出具民事裁定进行司法确认。调解协议已全部履行完毕。

【典型意义】

本案双方当事人住所地、合同履行地以及和解协议约定的准据法等均与我国无关，约定的争议解决方式为新加坡仲裁。申请人在提起外国仲裁之前，向青岛海事法院申请扣押被申请人所有的船舶。海事法院根据海事诉讼特别程序法的规定裁定扣押船舶，以保障外国仲裁裁决的执行，充分体现了我国海事法律制度对外国海事仲裁的支持与协助。在等待仲裁过程中，双方当事人协商变更争议解决方式，选择由青岛海事法院管辖纠纷，充分体现对中国海事司法的认可。海事法院充分发挥特邀调解员作用，通过向双方释明法律规则和诉前调解的便捷优势，促成双方以诉前调解方式解决争议并予以司法确认，协议的全面履行让纠纷案结事了，节省了双方通过外国仲裁程序解决纠纷的时间、金钱成本，也避免了后续的仲裁裁决承认与执行环节，彰显了我国通过多元化纠纷解决机制加强诉源治理的制度优势，成为我国全面打造海事纠纷解决国际优选地的又一成功范例。

【一审案号】（2023）鲁72财保176号、（2023）鲁72诉前调确319号

案例2：“德某”轮与“长某”轮船舶碰撞、海难救助等系列纠纷案

【基本案情】

货船“德某”轮在长江口北槽深水航道与作业工程船“长某”轮发生碰撞，“德某”轮船体多处进水。后该船经救助，船货得以脱险。救助方向上海海事法院起诉两船船舶所有人、光船承租人支付救助报酬，船载货物所有人、保险公司、船舶所有人等在上海、大连、南京、厦门等地海事法院提起船舶碰撞损害责任纠纷、海上货物运输合同纠纷、航次租船合同纠纷等9起诉讼，“德某”轮的所有人、光船承租人在上海海事法院申请设立海事赔偿责任限制基金。碰撞事故引发的系列案件的诉讼标的额共计3800余万元。

【裁判结果】

上海海事法院审理认为，案涉船舶碰撞事故所引发的10件关联案件分别在四家海事法院立案审理，存在一揽子化解纠纷的现实需求。上海海事法院引导各方当事人对两船碰撞责任比例、救助报酬金额达成基本一致，在此基础上对船损、货损、其他损失及责任人的海事赔偿责任限额作了全面核算，最终以一份和解协议促成所有纠纷的八方当事人一揽子达成和解。协议已全部得到履行。

【典型意义】

长江航道是国家综合立体交通网的主骨架、航运物流的主通道，素有“黄金水道”“水上高速”之称，是长江流域经济社会发展的主动脉。长江口深水航道系我国内外贸航路重要交汇点，案涉碰撞事故的发生引发“八方十案”，处理进度和结果备受外界关注。上海海事法院依法能动履职，秉承案结事了政通人和的理念，以“如我在诉”的意识做好债权性质区分、损失明细核查、连环纠纷解套工作，召集关联案件全体当事人释法明理，促成共识，一揽子高效解决所有纠纷，避免“一案结、多案生”和“程序空转”，和解结果得到各方认可，有效减轻了当事人诉累，助力涉案企业尽快恢复生产运营，引导规范长江水域航运秩序，充分体现海事司法积极参与社会综合治理的重要作用。

【一审案号】（2023）沪72民初1252号等

案例3：新加坡某航运公司与利比里亚某公司船舶碰撞损害责任纠纷管辖权异议案

【基本案情】

新加坡某航运公司所有的巴拿马籍“运某”轮在新加坡东部加油锚地锚泊期间，与利比里亚某公司所有的“勇敢某某”轮碰撞，“运某”轮船体遭到严重损坏。为此，新加坡某航运公司向宁波海事法院申请诉前扣押“勇敢某某”轮，并随后提起诉讼，请求利比里亚某公司赔偿船舶修理费等损失360余万美元。利比里亚某公司在答辩期间提出管辖权异议，认为宁波海事法院不方便管辖和审理本案，请求依法驳回起诉，告知新加坡某航运公司向更方便的新加坡法院提起诉讼。

【裁判结果】

宁波海事法院审查认为，宁波是涉案“勇敢某某”轮在碰撞事故发生后的最先到达地，宁波海事法院依当事人申请，依法扣押该船，该院对案件具有管辖权。新加坡某航运公司的股东之一系中国公民，“运某”轮系在中国境内进行修理，与碰撞损失相关的主要证据材料形成于中国境内，且中国保险公司为解除“勇敢某某”轮的扣押出具担保，并约定由中华人民共和国法院管辖，中国法院审理该案有利于查明损失和判决执行。碰撞事故发生后，“勇敢某某”轮直接离开新加坡海域，并未在新加坡接受海事调查，不构成新加坡法院审理案件更加方便的情形。故裁定驳回利比里亚某公司的管辖权异议。利比里亚某公司提起上诉，浙江省高级人民法院维持一审裁定。案件进入实体审理阶段后，双方在海事法院组织下达成和解协议，新加坡某航运公司申请撤回起诉，法院裁定予以准许。

【典型意义】

本案系双方当事人住所地、碰撞船舶登记地及碰撞海域均在国外的船舶碰撞损害责任纠纷。一、二审法院在审查涉案管辖权异议时，正确理解和适用民事诉讼法司法解释规定的不方便法院原则，综合考量证据的可获得性、判决执行的便利程度以及与我国的关联性等因素，判断我国法院审理案件是否存在不方便的情形，对新民事诉讼法实施后如何把握“外国法院审理案件更为方便”的标准，具有很好的参考意义。海事法院在审理过程中通过解读有关法律规定、核查上千页船舶修理资料、多方查询船期损失，让外方当事人对中国海事司法的信心从零开始不断增长，最终促成双方当事人达成和解并支付赔偿款项，彻底了结争议，彰显了中国海事司法的责任担当、司法自信和调解智慧，也赢得了外方当事人的尊重和信任。

【一审案号】（2023）浙72民初307号

【二审案号】（2023）浙民辖终102号

案例4：某财保广东分公司与利比里亚某公司、福建某船务公司等船舶碰撞损害责任纠纷案

【基本案情】

利比里亚某公司所属“尼某”轮与福建某船务公司等所属“安某”轮在广东阳江水域发生碰撞事故，导致“尼某”轮船艏右舷锚链舱约8米×6米破损，破洞在水线以下。“尼某”轮船长出具海事声明并将受损情况报告船舶管理人。经船舶管理人安排，利比里亚某公司与某救助公司签订LOF2011劳合社标准格式救助合同，“尼某”轮被拖带至湛江锚区。某救助公司在英国伦敦对利比里亚某公司及船载货物所有人提起仲裁，主张救助报酬。某财保广东分公司作为船载货物保险人，代表货方与某救助公司达成和解，支付应分摊的救助费864674.93美元。

后某财保广东分公司以“尼某”轮不存在现实和紧迫危险，利比里亚某公司不当委托救助行为造成货主额外的救助报酬损失为由，行使代位求偿权提起本案诉讼，请求判令利比里亚某公司作为承运人赔偿上述救助报酬损失，福建某船务公司等作为碰撞对方船舶所有人按过错比例对其中30%部分承担连带赔偿责任。

【裁判结果】

广州海事法院一审认为，“尼某”轮在碰撞事故发生后并未处于危险之中，不需要救助，某财保广东分公司在仲裁程序中放弃对救助必要性、救助费用支付合理性审查的抗辩权利，应自行承担相应后果，故判决驳回其诉讼请求。广东省高级人民法院二审认为，碰撞事故发生后遇险船舶的船长或船舶所有人享有签订救助合同的法定代表权或紧急代表权。“尼某”轮在碰撞事故受损后显然面临不确定的重大风险，应允许并尊重该轮船长或船舶所有人根据船舶受损情况及天气、海况等因素自主决定是否需要救助并选择合理的救助方案，否则将对船长或船舶所有人在遇险后能否及时作出救助决策产生不利影响。利比里亚某公司与某救助公司签订的救助合同符合《1989年国际救助公约》和我国海商法关于海难救助的规定，不应认定其存在过错。某财保广东分公司依法取得保险代位求偿权，有权行使货方依据海上货物运输合同向承运人索赔的权利，但利比里亚某公司有权援引海商法第五十一条的规定主张“航行过失”免责。对于案涉船舶碰撞事故造成的货物救助费用损失，某财保广东分公司有权要求福建某船务公司等按其在碰撞事故中的过错责任比例承担30%的赔偿责任，故二审撤销一审判决，改判福建某船务公司等向某财保广东分公司承担赔偿责任。

【典型意义】

海难救助是海上运输中古老的法律制度，也是海商法特有的法律制度，对于鼓励他人对遇险船舶及货物施加救援从而避免损失发生、预防环境污染具有重要意义。我国是《1989年国际救助公约》缔约国，海商法也对海难救助作出专章规定。本案对于海难救助必要性的分析，体现了对海难救助制度中“现实危险”的适当理解，即要尊重当事船舶对危险是否真实发生的判断，不能因为事后对危险程度的技术分析而轻易否定船长或者船舶所有人在紧急状况下作出的专业判断和选择，除非有充分证据证明救助明显没有必要。本案确立的审查标准有利于消除船长和船舶所有人的顾虑，让船舶在遇险后及时得到合理救助，避免造成人员伤亡、财产损失和环境污染等后果，也对船长和船舶所有人如何谨慎行使权利具有重要参考意义。

【一审案号】（2019）粤72民初37号

【二审案号】（2022）粤民终2609号

案例5：某远洋渔业公司诉晋江市农业农村局渔业行政给付案

【基本案情】

某远洋渔业公司向晋江市农业农村局提交申请，主张按照有关政策申领2021年7月至2022年12月上岸渔获运回泉州口岸的海洋经济高质量发展补助资金。该局以某远洋渔业公司属于失信联合惩戒对象，如准予其申请将无法实现拨付补助资金使用效益，背离专项资金的设立目的为由，未予批准申请。某远洋渔业公司不服，诉至厦门海事法院，请求判决撤销不予奖补的通知，并责令晋江市农业农村局为其申报奖补。

【裁判结果】

厦门海事法院审理认为，某远洋渔业公司系海洋经济专项资金补助适格对象，其在申请补助资金时已被人民法院删除原失信记录，晋江市农业农村局不应将原失信记录作为禁止参与项目申报的情形。某远洋渔业公司如何使用案涉资金并不影响其就已完成的远洋渔获本地上岸申请奖补的权利。综上，判决撤销晋江市农业农村局作出的不予奖补的通知，并责令其重新作出行政行为。判决作出后，双方当事人均服判息诉，晋江市农业农村局重新受理某远洋渔业公司的申请并核发了专项补助资金。

【典型意义】

远洋渔业是构建“海洋命运共同体”、践行“一带一路”倡议的战略性产业，对于丰富我国居民“菜篮子”、创新推广远洋装备、促进国际渔业合作、维护国家海洋权益具有重要意义。本案判决明确设立专项补贴旨在鼓励远洋渔获在当地上岸，行政机关不宜因担忧补助资金去向而不予批准补助申请，引导行政机关在行政管理中“有为有度”，准确理解相关政策精神，充分发挥专项补助资金激活海洋经济的积极作用。行政机关依据判决结果重新受理远洋企业的申请并核发补助资金，形成了司法与行政共同支持海洋经济、促进民营企业健康发展的合力，对助力涉海法治环境、营商环境、生态环境改善优化具有重要作用。

【一审案号】（2023）闽72行初38号

结束语

随着对现代法学理论与实践的深入探讨与全面剖析，我们不禁站在了法学研究与法治实践的交会点上，回望过去，展望未来，心中充满了对法治建设无限可能的憧憬与坚定信念。本书不仅是对当代法学理论前沿的一次系统梳理，更是对法治实践中复杂问题的一次深刻反思与积极回应。

在过去的篇章中，我们共同见证了法学理论的蓬勃发展。从古典自然法学的深邃思辨，到分析实证法学的精密逻辑；从社会法学的广阔视野，到批判法学的深刻洞察，每一种法学流派都在其独特的语境下，为理解法律、解释法律、完善法律贡献出宝贵的智慧。这些理论不仅丰富了法学的知识宝库，更为我们理解现代社会中法律的运作机制提供了多元的视角和深刻的洞见。

同时，我们也深刻认识到，法学理论的生命力在于其实践性。本书通过大量案例分析和实证研究，展现了法学理论如何在现实社会中生根发芽，如何指导司法实践，推动社会进步。从刑事司法的公正与效率到民事权利的保障与救济，从行政权力的规范与监督到国际法的合作与冲突，每一个领域的法学实践都充满了挑战与机遇，也见证了法学理论在解决实际问题中的巨大价值。

然而，我们也必须清醒地看到，现代社会的快速发展对法学理论与实践提出了新的更高的要求。科技的日新月异、全球化的深入发展、社会结构的深刻变迁，都在不断重塑着法律的面貌，要求我们不断更新法学理论、创新法治实践。在这个过程中，我们需要更加紧密地结合理论与实践，既要深入理论研究，挖掘法律背后的逻辑与价值，又要关注实践需求，解决社会中的实际问题。

展望未来，《现代法学理论与实践》所承载的不仅是对过去成就的总结与回顾，更是对未来法治建设的美好期许与坚定承诺。我们期待，在未来的日子里，法学界能够继续秉持开放包容的精神，深化理论研究，拓宽实践领域，为构建更加公正、高效、和谐的法治社会贡献自己的力量。

让我们携手并进，在法学理论与实践的征途中不断前行。相信在不久的将来，一个更加繁荣、更加公正的法治世界将展现在我们面前。这不仅是法学人的梦想，更是全体社会成员的共同期待。让我们以更加饱满的热情、更加坚定的步伐，共同书写法治建设的新篇章。

参考文献

[1] 邢伟星.论立法法中授权决定的功能与效力[J].人大研究，2024（05）：37-44.

[2] 许瑞超.基本权利第三人效力的释义学基础[J].人大法律评论，2022（02）：299-322.

[3] 董玉庭.我国刑法中伪造行为的类型化分析[J].吉林大学社会科学学报，2023，63（04）：37-49+238-239.

[4] 高加怡.地方性法规适用冲突及其协调方式研究[D].济南大学， 2023.

[5] 金振.论我国民事裁决预决效力的限度[D].苏州大学，2023.

[6] 苗炎.论司法解释的性质和效力位阶[J].中外法学，2023，35（02）：425-444.

[7] 张志远.司法解释法律效力研究：法源理论、运行困境与完善路径[J].山东法官培训学院学报，2023，39（02）：165-184.

[8] 谷昔伟.合同涉第三人效力解释论[D].华东政法大学，2021.

[9] 陈瑞华.从经验到理论的法学研究方法[J].中国法律评论，2019（02）：84-100.

[10] 邓矜婷，张建悦.计算法学：作为一种新的法学研究方法[J].法学，2019（04）：104-122.

[11] 寻佳睿.论近二十年来中国经济法学研究方法之流变[J].乐山师范学院学报，2019，34（07）：69-76.

[12] 胡利明.论民族法学研究方法的理念创新[J].创新，2016，10（04）：21-32.

[13] 陈真亮，沈秋豪.环境法学研究方法的体系性探索——评《环境法学的研究方法研究》[J].时代法学，2020，18（06）：109-115.

[14] 许莉.法学研究方法及其应用简论[J].黑河学院学报，2016，7（06）：47-48.

[15] 杨岩.几种法学研究方法反思[J].法制博览，2017（27）：147-148.

[16] 穆云红.探究法学研究方法的基本法则[J].法制与经济，2017（10）：84-85.

[17] 周元.论法学研究方法教学与价值观的培养[J].教育现代化，2017，4（47）：32-35.

[18] 马皑，张蔚，姚苏杭.法学方法论问题浅析——性质、目标与对比[J].法制与社会，2021（01）：174-175+192.

[19] 王影.作为法学方法的法律论证[J].法制博览，2021（02）：189-190.

[20] 田夫.从法学基础理论到法理学[J].中外法学，2021，33（01）：141-160.

[21] 程龙.理论、场域与未来：社科法学与法教义学争论的研究[J].北方法学，2021，15（01）：15-24.

[22] 李俊才.跨越以司法为导向的法学研究范式[J].黑河学院学报，2021，12（02）：33-36.

[23] 张妮，蒲亦非.计量法学、计算法学到认知法学的演进[J].四川大学学报（自然科学版），2021，58（02）：7-12.

[24] 陈金钊.法学研究的本土化拓展[J].济南大学学报（社会科学版），2021，31（03）：13.

[25] 姜明安.论宏观公法学研究的意义、研究对象和研究方法[J].湖南社会科学，2021（03）：112-121.

[26] 时瑞燕.以问题意识探析法学研究的创新方法[J].法制博览，2021（22）：187-188.

[27] 李树民.2020年法学研究发展报告[N].中国社会科学报，2021-01-18（008）.

[28] 赵书文.法学研究须强化实证环节[N].中国社会科学报，2021-05-25（008）.

[29] 琚明亮.法学研究中的价值无涉论及其评价[N].人民法院报，2021-08-20（006）.

[30] 王其江.新时代法学研究的使命与担当[N].人民日报，2021-09-13（010）.

[31] [德]伯恩·魏德士.法理学[M].丁小春，吴越，译.北京：法律出版社，2003.

[32] [德]韦恩·莫里森.法理学：从古希腊到后现代[M].李桂林，等译.武汉：武汉大学出版社，2003.

[33] [美]E.博登海默.法理学：法律哲学与法律方法[M].邓正来，译.北京：中国政法大学出版社，2004.

[34] [美]艾尔·巴比.社会研究方法（10）[M].邱泽奇，译.北京：华夏出版社，2005.

[35] [奥]维特根斯坦.哲学研究论[M].李步楼，等译.北京：商务印书馆，2009.
[36] [德]马克斯·韦伯.社会科学方法论[M].韩水法，莫茜，译.北京：商务印书馆，2013.
[37] [德]拉德布鲁赫.法学导论[M].米健，译.北京：商务印书馆，2017.
[38] 公丕祥.马克思主义法学中国化的进程[M].北京：法律出版社，2012.
[39] 黄茂荣.法学方法与现代民法[M].北京：法律出版社，2013.
[40] 李珂，叶竹梅.法经济学基础理论研究[M].北京：中国政法大学出版社，2013.
[41] 谢鸿飞.法律与历史：体系化法史学与法律历史社会学[M].北京：北京大学出版社，2012.
[42] 杨仁寿.法学方法论[M].北京：中国政法大学出版社，2013.
[43] 朱景文.比较法社会学的框架和方法——法制化、本土化和全球化[M].北京：中国人民大学出版社，2001.
[44] 喻中.法学方法论[M].北京：法律出版社，2014.
[45] 殷啸虎，叶青，杜文俊，程维荣.法学理论前沿[M].上海：上海社会科学院出版社，2016.
[46] 杨思留.宪法学与行政法学[M].徐州：中国矿业大学出版社，2017.
[47] 漆国生，左传卫.法学概论[M].武汉：武汉大学出版社，2017.
[48] 蒲杰，王伟，周聪，杨峰.法学理论与实践若干问题探讨[M].成都：电子科技大学出版社，2017.
[49] 李显冬.法学概论[M].北京：首都经济贸易大学出版社，2017.
[50] 蒋传光.马克思主义法学理论在当代中国的新发展[M].南京：译林出版社，2017.
[51] 吕世伦.当代西方理论法学研究[M].哈尔滨：黑龙江美术出版社，2018.
[52] 潘伟杰，侯健，史大晓.当代中国马克思主义法学研究[M].上海：上海人民出版社，2019.
[53] 张彦俊.行政法学原理与实务研究[M].北京：九州出版社，2019.
[54] 郭晓岚.法学理论与实践问题研究[M].汕头：汕头大学出版社，2019.
[55] 戴小俊.现代法学理论与实践研究[M].长春：吉林人民出版社，2020.
[56] 栾春娟，郭晓梅，刘琳琳.法学研究新兴方法[M].北京：科学出版社，2020.
[57] 卞建林.诉讼法学研究[M].北京：中国检察出版社，2020.

[58] 崔永东.司法学研究[M].北京：人民法院出版社，2020.
[59] 余雅风.教育法学研究[M].福州：福建教育出版社，2020.